アシュタールが教える11次元の女神力でお悩み解決！

おねがい★女神さま

Ashtar × Goddess

ONEGAI MEGAMISAMA

テリー・サイモン
矢尾こと葉 著

カバー・本文イラスト
Yumiko Fujii

Kannon

観音

仏教における慈悲の女神。「あらゆる祈りを聞き届け、応える」という意味の名前です。阿弥陀仏の弟子で、性別を超えた存在と見なされていますが、その慈愛の面から女神としても広く信仰されています。智慧、慈悲、慈愛、悟りなどの神格を備えています。アシュタールによると、観音は日本の顕れで優しく思いやりがあり、子どもたち全般のケアを得意とします。

Isis
イシス

エジプト3大神の1柱であり、エジプトの母神。「大地と天界の女王」「再生のグレートマザー」「魔術の女神」などと称えられます。理想の王であり夫のオシリスが殺されると、イシスは遺体を探しあて、再生の魔術を施し、息子のホルスを授かります。アシュタールによると、月と太陽を司り、男性性と女性性の完璧なバランスを持っています。

Athena

アテナ

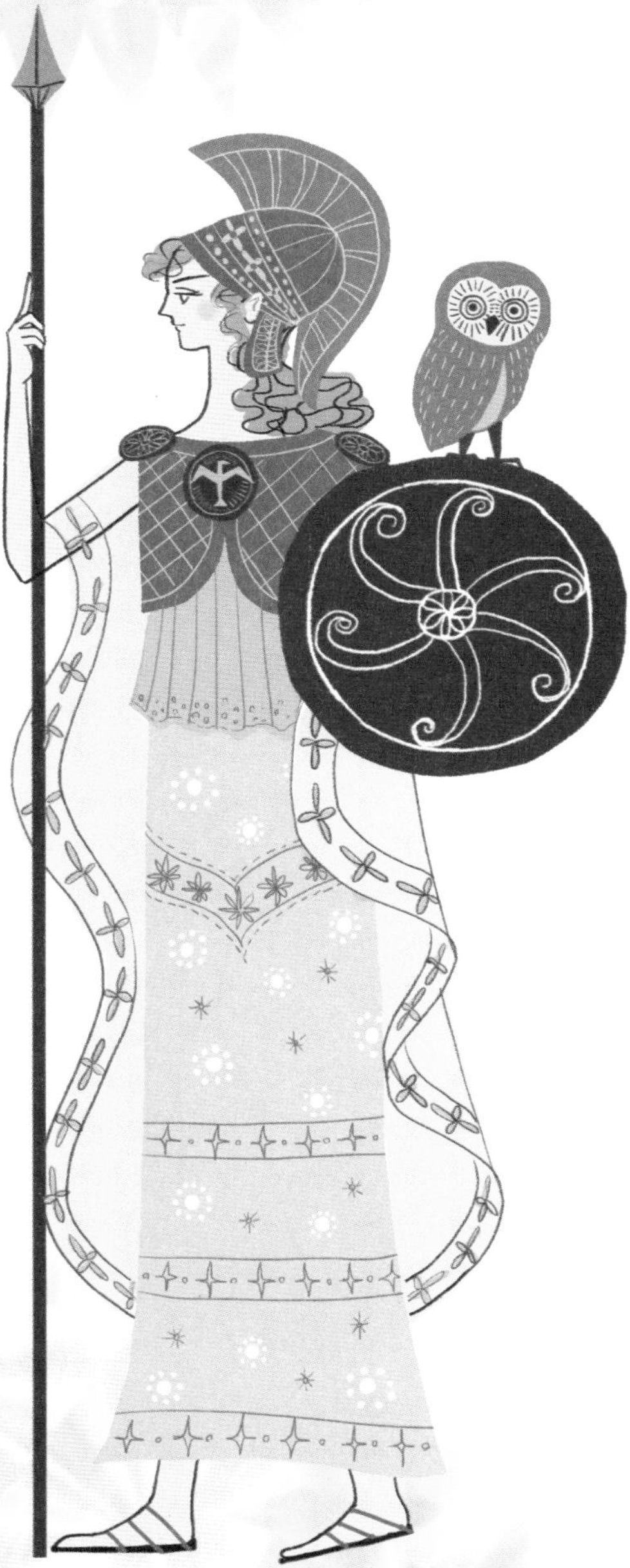

ギリシア神話の知恵と戦争の女神。パラス・アテナ、アテネとしても知られます。ゼウスの最愛の娘で、純潔の処女神としても有名。争いを知恵で賢く解決するという知性的な側面を象徴するヘルメットをかぶっています。アシュタールによると、パワフルでまるで戦士のような女神です。男性的な特徴と同時に優しくて育む質があり、慈悲があります。

Aphrodite
アフロディーテ

ギリシア神話上最も美しいとされる、官能的な美と性愛の女神。オリュンポス12神の1柱。婚姻関係に縛られずに神々や人間との恋愛を繰り返します。女性の性的エネルギーの象徴であり、愛、恋愛、性愛、美、情熱を司る女神として有名です。アシュタールによると、興味深いセクシャルなタイプの女神で、愛、ロマンス、すべての生殖を司ります。

Quan Yin

クァンイン

仏教の4大菩薩の1柱。インドから中国に伝わった大乗仏教の中で、菩薩たちの中でも大きな信仰を集めたのが観世音菩薩です。土地を拓き、万物を創造し、五穀豊穣を与え、子宝を与え、病気を治すなどあらゆる願いをかなえる万能の女神です。アシュタールによると、中国の顕れで、その特徴・仕事は、経済的な豊かさや旅の安全、健康です。

Venus
ヴィーナス

輝く金星（ヴィーナス）と関わりのある女神を、古代ギリシアではアフロディーテとも呼びました。ヴィーナスは、ラテン語のウェヌスの英語読みです。美と愛の女神です。画家ボッティチェリの「ヴィーナスの誕生」やミロのヴィーナス像など、理想的な女性美としてとらえられています。アシュタールによると、彼女はロマンティックな愛の象徴です。

Cleopatra
クレオパトラ

クレオパトラ7世は、古代エジプトのプトレマイオス朝最後のファラオ。7カ国語を操る才女だったといわれます。当時勢いを増していたローマとの同盟がエジプトの存続の道であると考え、ローマの権力者カエサルやアントニウスに近づき支援を受けました。アシュタールによると、大胆不敵なリーダーであり、パワフルで創造的な女神です。

Gaia

ガイア

ギリシア神話の天地創造の母神です。ガイアとはギリシア語で、地球・大地、土を意味します。原初の混沌「カオス」から生まれ、太陽、月、星、自然、生物などあらゆるものを創造しました。子であり夫でもある天空神ウラノスとの間に無数の神々を生み出します。アシュタールによると、厳格で強い女神です。地球への強い愛情を持っています。

Amaterasu

アマテラス

日本神話における太陽神にして、八百万の神々を統べる女神。弟のスサノオの狼藉に怒り、天岩戸に閉じこもってしまったエピソードで知られます。アマテラスが隠れると世界は闇に包まれ、悪霊が跋扈する事態に。岩戸が開かれ、アマテラスが現れると世界に光が戻ったのです。アシュタールによると、慈悲や家族をまとめるような愛の女神です。

Kali

カーリー

インド神話、ヒンドゥー教のパワフルな女神です。黒き者という意味の名前です。物事の始まりと終わり、自然の周期や再生の女神として、生や死を司る神格があります。古い自分を手放して前に進みたいとき、助けを求めることができます。アシュタールによると彼女は破壊者です。悪と、あなたが愛する基盤を持つのを妨げているものを破壊します。

Sarasvati

サラスヴァティ

インド神話、ヒンドゥー教における芸術の神。河の流れの妙なる様を形容した音からきた名前。元々は水と浄化と豊穣の女神です。言語、学問、芸術を司り、サンスクリット語を作り出したとも。愛、美貌、子孫繁栄の神格もあります。アシュタールによると、夢をかなえる女神であり、パワフルなガーディアンです。人間や地球を見守っています。

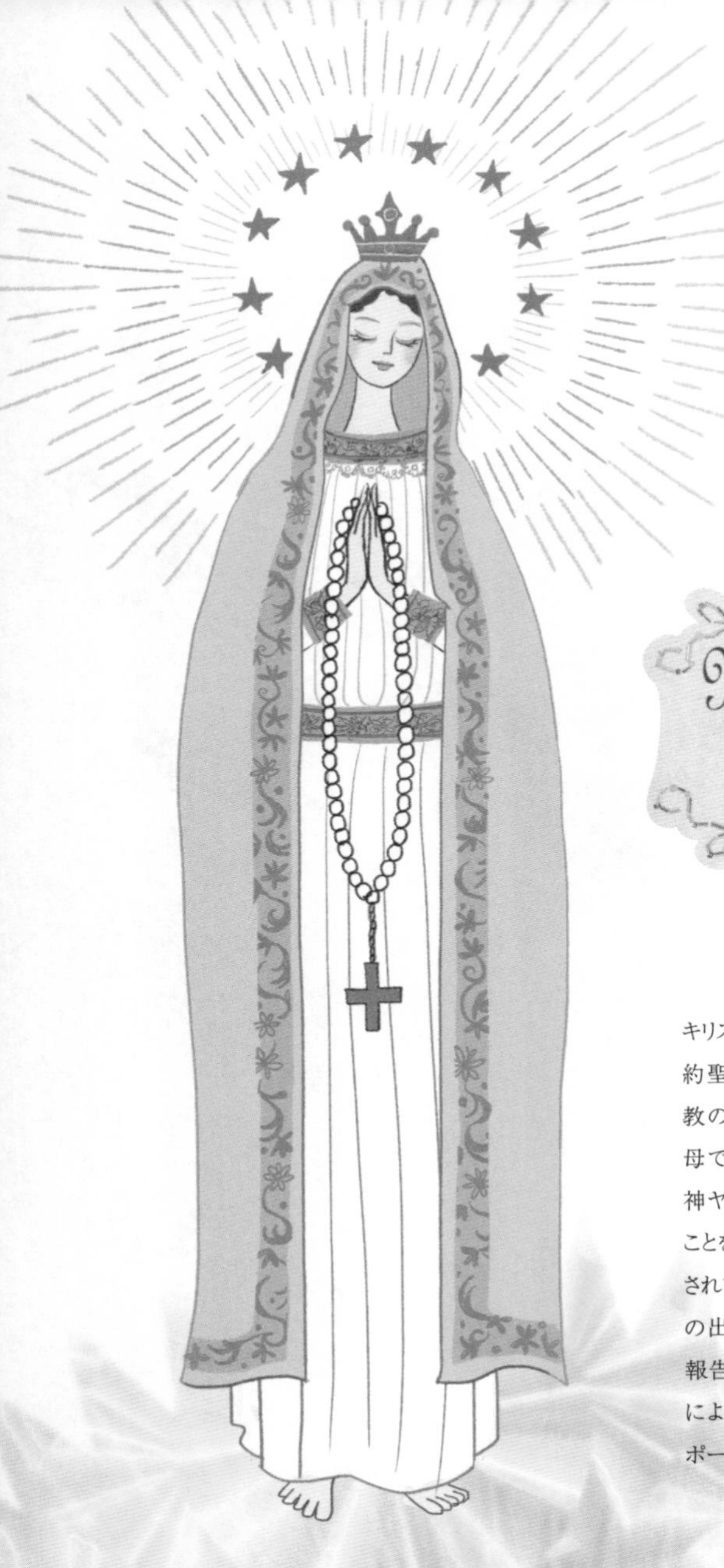

Mother Mary

聖母マリア

キリスト教で最も有名な聖女。『新約聖書』ほかに登場するキリスト教の聖母で、イエス・キリストの母です。精霊の働きにより創造神ヤハウェの子を処女受胎したことを大天使ガブリエルから告知されました。昇天後、聖母マリアの出現は世界のいたるところで報告されています。アシュタールによると、慈悲と愛についてサポートをしてくれます。

Seoritsuhime

瀬織津姫

日本の神道における穢れ祓い、浄化、水、川、滝の女神です。瀬を流れる川の波を織りなす女神の意味。大祓の祝詞によると、勢いよく流れ落ちる川の瀬にいて、川の急流に乗せて、災いを引き寄せる罪や穢れを取り除き、大海原に送る働きをします。アシュタールによると、ソフトかつパワフルで、しっかりと目的をもって生きる質を持った女神です。

Lady Master Nada

レディマスターナダ

ナダとは、サンスクリット語で「聖なる音」「無音の沈黙」などを意味します。セント・ジャーメインや大天使ミカエルと、ともに働くアセンデッドマスターです。地球上での歴史については、はっきりした文献などがありません。アシュタールによると、ピンクの光の持ち主。家族の力や愛を教える女神です。つながりの深い相手と出会わせてくれます。

はじめに

こんにちは！　矢尾こと葉と申します。

私は、夫と運営しているレイキヒーリングの学校「発芽＊レイキアカデミー」にて、2015年から、レディ・アシュタールことテリー・サイモンさんによる、アシュタールの来日セッションツアーをご紹介させてもらっています。アシュタール！　初めてこの名を聞く方もいらっしゃることでしょう。

11次元の宇宙存在？　金星からの愛の大使？　どういうこと？

私もそうでした。それまで噂だけは耳にしながら、どこかマユツバのように思っていたアシュタール。ですが、セッションで実際にそのエネルギーを体験して、認識が一変しました。アシュタールが現れた途端、そのパワフルな愛の波動に、涙がハラハラ流れて止まらなくて。「自分はこの存在を確かに知っている」とハートが震えたんです。

それから、個人やグループでのセッション、リトリートなどを通して一緒に過ごした時間の中で、教わったことや受け取ったものの大きさは計り知れません。愛情をもって惜しみなく伝えられ、分かち合われる叡智《えいち》の価値は途方もなく、知らなかったこの世界の理、なにより自分という存在についての理解が深まりました。

アシュタールの語り口は、まるでなんでも知っている優しいおじいちゃんみたい。いつもユーモアを交えて叡智を伝えてくれるので、会うと元気をもらえます。そんなアシュタールのことが私は大好きです。ですから、アシュタールに関する本を執筆するのは念願であり、この本の誕生を自分自身とてもワクワクしています！

グループワーク形式で行った2度の公開イベントとアシュタールへのインタビューを基に、この本は構成されています。その中心となっているテーマは、女神力（女神性）、真実の愛、そして、神聖なパートナーシップ。出会いの「ザ・シークレット」とも言えそうなテクニックを聞きだすこともできました♪

あなたもご参加者の1人として、アシュタールと過ごす時空間を楽しんでください。

CONTENTS

ONEGAI MEGAMI SAMA

矢尾こと葉が
テリーさん&アシュタールに
あれこれ聞いてみた
まんが　ふじいゆみこ
カタカタ…
こんにちは！エッセイスト&レイキカウンセラー®の矢尾こと葉です。普段は本を書いたり、夫や仲間たちとレイキ（宇宙の氣）を用いたヒーリングのセミナーやスクールの企画・運営をしています。
今回ご紹介するテリー・サイモンさんとはそんな活動の中、2015年に友人の紹介で出会いました。
一見、普通の、優しいステキな女性なのですが……
形而上学の博士号持ち
すごくチャーミングでエネルギッシュ！
なんと彼女には大きな秘密が！
アメリカ・オレゴン州生まれのテリーさん。死んでしまった愛犬のスピリットが見えたりなど子どもの頃から、目に見えないものを感じ取る不思議な能力を持っていたそうです。

大学卒業後は
教師の道へ。
ところが、
ある日突然
不思議な存在から
メッセージが届くように
なったのだとか。
やがてそれが
「アシュタール」
だということがわかって
今までコンタクトが
続いているのだそう。
Yes!
アシュタールについて
知らない方のためにも
どんな存在なのか
教えてください！

私（テリー）が彼から聞いているのは、
金星生まれの11次元の存在だということ。
11次元
VENUS
10次元
9次元
8次元
7次元
6次元
5次元
4次元
3次元
テリーさんとは過去世
で夫婦だったため、
つながりが
できたようです。
彼……
ということは男性なんですね！
イケメンだったりしますか？
見る人によって姿は様々なのですが
私の場合はイケメンで現れることが
多いですね。
でも内面はユーモアにあふれた
近所のおじいちゃん、
という印象です。
彼はとってもおしゃべりで、
一度話し始めると
止まらないのです（苦笑）。

私の愛しいみなさん、美しい祝福を。
愛と光の空間の中にはたくさんの祝福が
あふれています。愛 の美しいときなのです。あなた方の に あふれて宇宙へと
伸びてい 光が輝きな
がら降りて 方を包んで
います。そ 天 センシ
うっ！
モゴモゴ
彼もこと葉さんと話したくて
ウズウズしているようなので
実際に呼んでみましょうか！
ヘンシ～ン！
えーと、
誌面の都合により
定番の挨拶の続きは
また今度！
ドーン！
は、はや…！
ステキ！
テリーも最初の頃は私と
コンタクトするまでとても
時間がかかっていましたが
今はもう信頼し合っているので
すぐに身体を貸してくれます
一瞬でアシュタールに
なっちゃいましたね……
アシュタールってこんな存在
金星からやってきた
アセンデッドマスター！
究極に進化したとされている
存在です。
ホッホッホ～
見る人によってはこんなおじいちゃん姿で登場することもあるゾヨ
宇宙連合の司令官として、キリストやブッダなどと同じ領域の中で、愛と平和を守るために多次元にわたって活躍しています。
具体的には地球の人々に愛の光を運び、意識を高めるサポートをするなど、地球が愛にあふれた世界になるようにずっと見守ってくれています。

さて、
今回の本のテーマは
「女神力」！
私たちのセミナーの中での内容を取り入れつつ
アシュタールにもあれこれ聞く中で
女性性と女神性が違うものだったというのは
特に勉強になりました！
愛
感情的
みんなを
つなぐ
ソフト
女性性
目的意識・
リーダーシップ
平和
論理的
叡智
女神性
みなさんよく勘違いされるのですが
女神の力には女性性に代表されるようなソフトさ
などだけではなく男性性特有のパワフルさや
ロジカルさのようなものも含まれているのです
だから女性だけでなく
今の時代の男性が
発揮してもおかしく
ない力なんですよね

きゃぴ きゃぴ
Lady Master Nada
Seoritsuhime
Quan Yin
Kali
Isis
Kannon
Cleopatra
Gaia
Aphrodite
Athena
Amaterasu
Mother Mary
Venus
今回はたくさんの女神たちの意識とつながって彼女たちの個性についてお話しすることができたのでとても楽しかったです
特にサラスヴァティがお気に入り
Sarasvati
それでテンションが高かったんですね……理由がわかりました
楽しむのじゃぞ〜〜♪
それでは
アシュタールと女神たちによる
11次元のパワーに触れる旅へと
出発しましょう！

Part 1

おしえて☆アシュタール

新しい水瓶座《アクエリアス》時代を
ハッピーに生きるための
パワーとは?

今は女性意識が目覚めるという水瓶座《アクエリアス》の時代。じゃあ、男性性は必要ないの？

少し前から、今は水瓶座の時代だから～と言われたりするようになりましたが、どんな時代を意味するんでしょうか？

これまで地球は強力な男性エネルギーに支配される時代でした。いわばパワーコントロールの時代です。それが、２０１２年12月21日から、占星術的には水瓶座の時代に入りました。これは、とても強力な女性的エネルギーの中に入った時代だと言えます。そして、それを表す特徴的なことも起こっています。

例えば、ある国のリーダーが非常に競争的・好戦的な質を持っていたとしましょう。そこには、相手を押さえつけるような、いじめるような質も含まれています。国家間でなにかトラブルが発生したとき、今までなら戦争が起こっていたかもしれません。でも、水瓶座の時代においては、多少の小競り合いや駆け引きはあるものの、武力ではなく紙やペンを使っての交渉を重視しようという方針が出たなら、そちらの意見のほうが多くの人に支持されやすくなっている、と言えるでしょう。

力尽くや武力行使という動きよりも、話し合いのほうを人が選択しやすくなっているということですか？

そうです。だからといって、戦争が起こらないというわけではないんですけどね。そうなりにくい時代だということだけは確かです。競争しながら道を切り開いたり、部族や家族を守護するという質が男性的なエネルギーの1つの特徴なら、育む・対話する・ユニットをつくる・接着剤のようにつなげる・慈悲の心を持つというのが女性的なエネルギー。今は地球自体がそのエネルギーに満

ちていて、女性性という流れに乗ることで物事がよりスムーズに進んでいくような時代だと言えます。

こと葉

じゃあ、男性の方には言いにくいのですが、水瓶座の時代には、あまり男性性というものは重視されないというか、必要ないんでしょうか（笑）？

アシュタール

そんなことはありません。こと葉さんを含め、大抵の地球上の存在は性別を持って生まれてきていますが、どんな存在であっても男性性と女性性の両方を持ち合わせています。それぞれが物理的にも精神的にも、女性的だったり男性的だったりする部分を持っているんです。それは人間だけではありません。花（植物）や犬や鳥（動物）、そして、火などのエレメントといったものも含まれます。

例えば、花の場合なら、その美しさは女性性と共鳴します。でも、成長するという力強さは男性性によるものなんです。人の場合なら、優しさだけでなく、親として子どもを育む強さが必要でしょう？　子どもが急に熱を出したときに、「どうしよう……」とオロオロしたり、混乱しているだけではなにも解決しません。判断して動くというパワフルさ、つまり男性性も必要になってくるんです。

ですから、水瓶座の時代だからと言っても、すべての存在が女性性だけを発揮していればよいかと聞かれれば答えはＮＯです。両方の質を持っている惑星〝地球〟に生きているということは、みなさんも当然、女性性と男性性、両方の質を備えていなければならないわけです。ここは気をつけてほしいところですね。

こと葉

地球全体としてのバランスが崩れてしまうから、一概にみんなが女性性を発揮すればいいという単純なものではないということなんですね。

女性性と男性性のエネルギーが程よく調和した、これからの時代に必要なパワー、それが女神力

こと葉

うーん、男性性も程よく残しながら、女性性を発揮しながら生きるための力ですか。なんだか難しそうですし、あまりピンときていなくてイメージが湧いてこないんですが。

アシュタール

大丈夫です。今の時代に必要な力——それがこれからお話ししようとしている〝女神力〟なんです。

こと葉

女神力ですか！　ステキな響きですね。究極にまで高められた女子力という感じなんでしょうか？

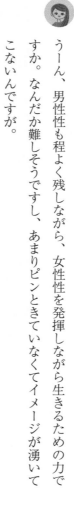

そうではありません。**女神力は女性性の上にあるのではなく、その中に含まれる力**です。ただ、女性エネルギーの中でも、特に「愛」「慈悲」「平和」「理解」「ゆるし」「叡智」「知識」などといった質が突出したエネルギー、それが私の言う女神力なんです。

女性性というと、どちらかというとソフトな部分が前面に出ているエネルギーになります。例えば、こと葉さんは今、髪をポニーテールにしてフワッとしたスカートを穿《は》いていますが、それは女性性のほうに分類されます。テリーも普段髪をアップにまとめていますが、髪を下ろすとソフトになり、女性的になるんです。ただし、それは女神的とは言えないんです。

ええ!?　私は女神的ではないんですか……。

そんなにがっかりしないでください（笑）。

先ほどまでこと葉さんは、ポニーテールとスカートという点においては確かに女性的でした。でも、今のあなたは女神的です。なぜかというと、私と会話するために、とても理論的に考えているし、直接に働きかけるために能動的に目的を持って行動しています。そうした「ロジカル」さは男性性寄りのエネルギーです。つまり女神力というのは、「育む」「慈悲」などという一部の女性性の質を備えていながら、その一方で目的を持ち、もっと直接的・能動的な、男性性や男神《おがみ》の質も持ち合わせた力ということになるんです。

意外でした……。てっきり女神力＝華やかでフワフワした性質のものだとばかり思ってしまっていました。

女神がフワフワしていたら存在し続けること自体が難しいですね。フワフワした質は天使に任せておきましょう！

詳しくは後ほどお話ししますが、みなさんの中にある女神力を開花させてくれる女神たちが、私の周りにはたくさんいます。今回は、私が今、常にコミュニケーションをとっている女神たちを中心に紹介していく予定です。彼女たちはそれぞれが異なる特徴を持っていて、とても個性的ですよ。

例えば、アフロディーテなどは、とてもわかりやすい女神力の持ち主だと言えるかもしれません。彼女はとても美しく、女性性が強い女神です。でも、実はサナンダ（地上にいたときのイエス）よりも、もっと男性的だったりするんです。優しくて慈悲の力もピカイチですが、周囲をコントロールするような男神のエネルギーも持っているという感じです。

また女神ではありませんが、宇宙にも女神力を発揮する存在がいます。愛の強さやパワーについて学ぶことができるアンドロメダ星の女性たちは、地球の女神であるアテナやアフロディーテにとてもよく似ています。私は彼女たちをよく雌ライオンに例えます。雄ライオンがくつろいでいるときに、雌ライオンはガゼルを追いかけます。雌ライオンは仔ライオンのために食べ物を獲ってきますが、自分が食べるのは最後です。また、危険な目に遭うと、相手と戦うこともいといません。それはとても女神的な質だと思いませんか？　パワフルで美しく、目的をしっかりと持ち、戦場に行くことをも恐れない。育むことの大切さ、家族のケアの仕方も知っていて働き者。とても強い女性たちです。

余談ですが、私はテリーにも女神の質を見出しています。女性のテリーが、私、つまりロード・アシュタールという男性性を取り込み、完璧に男性性と女性性のバランスがとれたその姿は、アンドロジェニスト的であり、女神力にあふれています。必要なときに男性性の強さを発揮でき、同時に女性性のソフトさや優しさを持ち合わせているからです。女神力が少しつかめてきたでしょうか？

こと葉

はい！　ソフトな中にも、パワフルさやロジカルさといった強さが、ちゃんとあるかどうかが女神力のポイントなんですね。

女神力は女性だけでなく男性にとっても必要な力

こと葉

ところで、男性の場合も自分の中の女神力を発揮する必要があるのでしょうか？

アシュタール

もちろんです。かつての時代のようにパワーで解決する方法では、水瓶座の時代はうまく物事を運ぶことはできません。だから男性であっても、この機会に女神力を開花させてほしいと思います。

男性の場合、その脳というのは理論的な答えを求めようとします。そのようにできているからです。ＡＢＣ、１２３と。また、どうしても、競争、パワー、守る、提供する、戦って自分の生き方を貫こうとする……という面が強くなりがちです。けれども、女神の質が強い手段に目を向けることは大切です。いくつかの選択肢があったなら、パワーよりも、慈悲が強いほうに目を向けるようにすることは、これからの生き方の1つのポイントになってくるでしょう。

こと葉

男性にとっては、女神力で物事を解決していくような選択肢を持っておくことが大事なんですね。その影響なのかはわかりませんが、確かに男性の活躍の仕方も、これまでの時代とは変わってきているような気がします。

アシュタール

私もそう思います。本当に昔から、長い時間をかけて、その在り方は徐々に変化してきています。もし、みなさんの生活基盤が、田舎の山中の孤立したような場にあったなら、昔の部族的な生活をしていたことでしょう。男性が〝食べ物を持ち帰り〟、〝守って〟、〝生殖する〟ようなスタイルです。

でも、今の男性は違う位置にいますよね。人々の多くが町の中に住んでいます。町には田舎とはまったく違う異なるエネルギーがあります。例えば、日本では男性がより女性的な感じになっていませんか？

昔において〝守る〟ということは、現代においてはドアをロックするという意味に近いでしょう。でも今は、マンションに入るにしても、何カ所もカギが用意されています。そういう状況では、守るということに関しては、ほとんど問題が起こりません。確かに、男性には〝守らなくては〟という原始的なエネルギーがありますが、現代的な都市世界では、その必要性が昔より低くなっていて、原始的な男性性を発揮する機会が減っているわけです。そして、その分、女性性を理解し、発揮する機会が増えていると見ることができます。

でも、それは悪いことではなくて自然の流れです。男性としての自分の役割が変わっていると無意識のうちに感じ取った上での変化なのですから。

こと葉

すると日本の男性たちは、知らないうちに女神力に目覚めていたというわけですか……！

アシュタール

そうですね。昔の男性より育むような質が強く、ハートもより開いています。外に出て行って動物を殺したりはしない。家族を大切にします。慈悲もあるし、優しい。生きるために常に命を賭けて戦い続けなくてもよくなった、ということもあるでしょう。

特に日本の男性の場合は、世界レベルで見ても、とても優しくてソフトです。これ以上、女神力を高めると女性になってしまうかもしれません（笑）。どちらかといえば、もう少し男性性を意識すると、もっと魅力がアップしてよいと思います。

女神は意外と身近な存在

こと葉

女神力が女性にとっても男性にとっても、これからの時代に必要な力だということはわかりました。でも女神と聞くと、とても遠い存在に感じてしまって、そのエネルギーと簡単につながることができるのか、不安に思ってしまいます。

アシュタール

安心してください。**私を含め、彼女たちはみなさんを助けたいと常に思っています。**成長のお手伝いをしたいんです。実は11次元の世界の集合意識として存在している女神もいます。私たちは、どんな人のそばにも寄り添っていて、その力をいつも使ってほしいと願っているんですよ。

こと葉

そうなんですか！　女神さまが私たちのことを一人ひとり見守ってくれている

と思うと嬉しいです。でも、国や神話などによって、いろいろな種類の女神さまがいらっしゃると思うんですが、女神さまによってサポートの方法も違うんですか？

女神によってというよりも、11次元の私たちの世界では、大きく3つの役割があります。それは、**ガーディアン**、**ガイド**、そして、**ティーチャー**といったものです。

ガーディアンは、生まれてくる前に、一緒にいてくれるといった存在ですね。例えば、こと葉さんが今生を愛について学ぶと決めたなら、生を受ける前にガーディアンとして女神などがやってきて、「生涯をあなたとともに歩みましょう」と言ってくれるんです。それは、あなたを守り、あなたを安全に保つためです。

ガーディアンは生涯ずっとともに歩んでくれる頼もしい存在なんですね。ガイ

ドやティーチャーについてはどうですか？

ガイドは進むべき道に導く存在です。例えば、突然ドアが目の前に開くなど、ある方向に自分のエネルギーが向けられたと思うときは、あなたのガイドが道を示してくれているということなんですよ。「私に従いなさい。私が道を示してあげよう」というように。

ティーチャーはある特定のレッスンのために存在しているものですね。

私たちが学ぶことになっている特定のレッスンごとに、たくさんのティーチャーがいてくれるというわけですか？

そうです。ガーディアンというのは生涯にわたって見守ってくれる存在で、ガイドとティーチャーはあなたがなにをしているかということによって、出たり入ったりと担当が変わります。

こと葉

例えば、過去にあなたが傷付いたなら、その傷を癒すためのガイドやティーチャーがいます。真実・理解の中を歩んでいけるようにと、あなたのチャクラを開いて、波動を上げてくれます。そして、その段階が終わったら、交替するように別の女神たちがやってきたりするんです。

担当の先生が変わるみたいに、女神たちが協力して代わる代わる導いたり、教えたりしてくれるわけですか。贅沢《ぜいたく》ですね〜！　女神さまのことを、ちょっと身近に感じられるようになりました。

Kotoha's Starseed Memo

スターシードってなあに？

「こと葉さんはスターシードですね」

これは、私が初めてアシュタールのセッションを受けたときに告げられたひと言でした。テリーさんと入れ替わってアシュタールが登場し、その響きを耳にした途端、自分でもびっくりするくらい大泣きしてしまい、その後はなにを聞いてもハートが震えていたことを覚えています。よくよく聞いてみてわかったのは、地球の成長をサポートするためにアシュタールがスカウトしたのがスターシードという存在なのだということ。約束の証としてチップのような種《シード》を、アシュタールが彼らのハートの中に埋め込んだんだとか。振り返ってみると、“たましいの発芽の応援”というコンセプトのもと、2004年から自宅の一部の空間を“発芽＊カフェ”と名付けて活用していたのですが、「スターシードの発芽」という意味での深いつながりに気付き、今ではすごく納得しています。スターシードたちは自分の役割を忘れている場合も多いのだそう。私もブループリントを思い出してがんばりたいです！

Part 2

かいせつ☆女神さま

今アシュタールが推す
14柱の女神たちを紹介

常にコミュニケーションをとっているという
アシュタールと仲のよい女神たち

こと葉

さて、私たちをサポートして、水瓶座の時代に役立つ力、女神力を引き出してくれるのは、一体どんな女神さまたちなんでしょうか？　さっきから早く知りたくて、知りたくて……（ソワソワ）。

アシュタール

こと葉さん、落ち着いてください（笑）。もちろん、これから紹介していくつもりです。でも、すべての女神を紹介すると1日では足りなくなってしまいます。なぜなら、とてもたくさんの女神たちがいるからです。

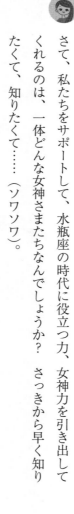

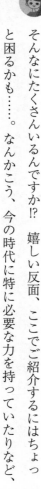

こと葉

そんなにたくさんいるんですか⁉　嬉しい反面、ここでご紹介するにはちょっと困るかも……。なんかこう、今の時代に特に必要な力を持っていたりなど、ダイジェストして紹介いただけないものでしょうか？

アシュタール

こと葉さんはなかなか難しいことを言われますね。それでは……ええと……、常にコミュニケーションをとっていたり、仲がよかったり、馴染《なじ》み深い女神たち14柱、という感じではどうでしょうか？

こと葉

いいですね！　それぞれの女神さまについての地球上での一般的な背景などを知りたい方もいると思うので、そこは私に任せてください。

アシュタール

はい、わかりました（私の大好きなサラスヴァティをこっそり加えておきましょう）。

こと葉

ん？　今、なにか言いましたか？

アシュタール

いえ、なにも言っていません。さあ、女神たちが登場しますよ！

Kannon

観音

女神FILE NO.01

観音 Kannon

日本の顕れです。憐れみの女神。子ども、主に生まれていない子ども、中絶された子や水子、これから生まれる子どものケアをします。観音には1000本の手があって、その手はあらゆるツールを持っています。それは、数々の障害を取り除くものです。「私を解き放ってください」と祈れば、観音は道を開いてくれます。ビジネス、お金、パートナーシップ……などなど。彼女はあらゆることで協働してくれます。優しくて親切で、どのレベルにおいても戦うような質がありませんので、愛情深くなりたければ、観音の女神力が助けてくれるでしょう。

女神とつながる
アファメーション

「観音のたくさんの手が私をサポートする」

The many hands of kannon support me.

こと葉のプチ女神辞典

仏教の慈悲の女神。別名は、観自在菩薩《ぼさつ》、観世音菩薩。サンスクリット語のアヴァローキテーシュヴァラは、「あまねく」「見る」「自在」の合成語で、「あらゆる祈りを聞き届け応える」という意味の名前です。悩める人々の声を見聞きし、様々な姿に自在に変化して、あらゆる場所に現れ救済することを意味します。阿弥陀仏の弟子で、性別を超えた存在とみなされていますが、その慈愛の面から女神としても広く信仰されています。人々に寄り添い導くのが役割です。菩薩薩埵《ぼさつさった》であり、菩薩はこの世のすべてのものが悟りを開くまで救い続ける悟った人のことで、観音はこの世の衆生のそばにいて慈愛を与える存在です。智慧、慈悲、慈愛、悟りなどの神格を備えています。

Isis
イシス

女神FILE NO.02

イシス Isis

エジプトの顕れです。月と太陽を司っています。直観、精神的能力、アセンション、愛と思いやりの表現です。第3の目のチャクラと関わりがあります。母的であり、父的なエネルギーを持っています。男性性と女性性のパーフェクトな交わりの中にあります。パワーを持つと同時に育む質があり、バランスの取れた存在です。イシスの女神力は、自分の人生のバランスをもたらしたいときに効果的。彼女は、健康で豊かな生活のために、エモーショナルボディを保護し、用意します。自信をつけたいときにもイシスはサポートしてくれるでしょう。

女神とつながる
アファメーション

「私のパワーは自分に対する信念に宿る」

My power lies in the belief in myself.

こと葉のプチ女神辞典

エジプト3大神の1柱であり、エジプトの母神。「大地と天界の女王」「生命の貴婦人」「歓びと豊かさの女神」「再生のグレートマザー」「万物の母」「魔術の女神」など、千の名前を持つ女神と称えられます。エジプト神話のヌトとゲブの娘で、オシリスの妹であり妻。オシリスとイシスは、エジプトに文明を伝えたとされています。理想の王オシリスが地方に外遊をする間、イシスはエジプトを治めました。オシリスが弟セスの姦計によって殺されると、イシスは遺体を探しあて、再生の魔術を施し、息子のホルスを授かります。ホルスは後にファラオの原型となる神です。イシスの名は玉座という意味で、羽を持ち、頭上に王冠や太陽を表す円を被った姿で表現されます。母としてホルスを玉座に据えるため、太陽神ラーを陥れて取引をし、魔法の力を得ています。豊穣神、大地母神としてギリシア・ローマでも崇拝されました。

Athena
アテナ

女神FILE NO.03

アテナ Athena

ギリシアの顕れです。パワフルで、まるで戦士のような女神なのですが、同時に優しくて育む質があり、慈悲があります。家族を育てるためのパワーや強さがほしいとき、アテナの女神力がサポートしてくれます。また、健康や経済的な豊かさ、ビジネスに対してもその力は役に立つでしょう。彼女には、問題の根幹を修正して、クリアしようとするような、男性的な特徴もあります。守る女神として、「異性が怖い、もしくは苦手」という人の力になってくれます。「経済的に自立したい」「自分に自信が持てない」という人にも、その力はおすすめです。

女神とつながる
アファメーション

「愛があればすべてが可能である」 With love all things are possible.

「私は光」 I am light.

「私は未知の叡智」 I am the wisdom of the unknown.

こと葉のプチ女神辞典

ギリシア神話の知恵と戦争の女神。パラス・アテナ、アテネとしても知られます。ヘシオドスが著した『神統記』によると父神ゼウスと最初の妻メティスとの間に誕生した女神で、ゼウスの額から、甲冑《かっちゅう》を身にまとい、武器を手にした成人した姿で生まれました。ゼウスの最愛の娘で、純潔の処女神としても有名。争いを知恵で解決するという賢さを象徴するヘルメットをかぶっています。アテネ市の守護神の座を海の神ポセイドンと争ったとき、アテナはアクロポリスの丘の上にオリーブの木を生えさせ、人々にその栽培法を教えます。この贈り物によってアテナは勝利。その像をまつるパルテノン神殿が建てられ、篤く信仰されます。英雄たちの導き手として、困難にある神々を援護するほか、機織り、クラフト、芸術の女神としての神格も持ちます。美しい女性だったメドゥーサを怪物にし、その首を盾に埋め込んで最強の盾にしたというエピソードもあります。

Aphrodite

アフロディーテ

女神FILE NO.04

アフロディーテ Aphrodite

興味深い女神です。セイクラルチャクラと関わりがあります。どちらかというとセクシャルなタイプ、愛の中でもロマンス寄りの女神です。パワーもあり、ソフトで女性的でもあります。彼女は生殖や性的な精力を司ります。例えば、チョコレートと赤ワインという組み合わせは、アフロディーテ的です。脳をワクワクさせるフェニルエチルアミンという物質の働きが活発になり、性的なことへの欲求が高まります。喜び、情熱、愛に関連して、愛情のこもった方法で感情的な女神力をもたらします。「もっとセクシーな魅力を持ちたい」のでしたら、アフロディーテの女神力に目覚めましょう。

女神とつながるアファメーション

「適切でパーフェクトなパートナーが、今私の前に現れる」

The right and perfect partner comes to me now.

こと葉のプチ女神辞典

ギリシア神話上最も美しいとされる、官能的な美と性愛の女神。オリュンポス12神の1柱。父神ウラヌスが息子のクロノスに性器を切り落とされ、それが海に落ちたとき、その泡（ギリシア語でアプロス）から生まれた女神がアフロディーテです。非常に美しく魅力があり、多くの神々から求愛され、婚姻関係に縛られずに神々や人間との恋愛を繰り返します。鍛冶の神で醜い容姿のヘパイストスを夫としましたが、自由奔放な浮気はやまず、たくましい美男子の軍神アレスとのベッドシーンに踏み込まれ、2人でさらし者にされるというエピソードもあります。女性の性的エネルギーの象徴であり、愛、恋愛、性愛、美、情熱を司る女神として有名です。また、キューピッドとして知られる愛の神エロスは、アフロディーテと軍神アレスの子。愛欲を司り、愛の矢を放つエロスとヒメロス（欲望）を伴い、神々や人々に激しい欲望を掻き立てました。

Quan Yin

クァンイン

女神FILE NO.05

クァンイン Quan Yin

中国の顕れです。慈悲の女神。観音と同じ存在だと混同されることがありますが、私、アシュタールの視点からは異なる存在になります。クァンインの特徴・仕事は、経済的な豊かさ、旅の女神であり、ヒーラーでもあります。慈悲を通じて、そのレベルで働きます。クァンインには、旅の安全、健康、経済的な豊かさに関して祈りましょう。「経済的に自立したい」のでしたら、クァンインの力を思い出してください。

女神とつながる
アファメーション

「内なるヒーラー性が健やかで生き生きとしている」

The healer within is alive and well.

「私は安全に旅をする」

I travel safely.

こと葉のプチ女神辞典

中国で女性が広く信仰しているのがクァンイン(観音)。仏教の4大菩薩の1柱。インドから中国に伝わった大乗仏教の中で、菩薩たちの中でも大きな信仰を集めたのが観世音菩薩です。敦煌《とんこう》の壁画など唐代ごろまでは髭の男性として表され、明代には完全に女性化。『西遊記』をはじめ、民衆的な文芸に女神としての性格を表しつつ登場します。中国で知られる観音の物語によると、美しく聡明な娘・妙善(後の観音)は信仰心が深く、父王の命じる縁談を拒んで宮殿を追われます。泣いていると虎が来て山林にて修行を積みます。父王に捕らえられ斬首されると、妙善の霊魂は冥界で閻魔《えんま》大王に助けられ、次は釈迦如来の導きで修行。父王が重い天然痘にかかると、自らの両手と両目を差し出して治癒させます。土地を拓き、万物を創造し、五穀豊穣を与え、子宝を与え、病気を治し、妖怪も退治する。あらゆる願いをかなえる万能の女神です。

Venus
ヴィーナス

女神FILE NO.06

ヴィーナス Venus

愛です。ハートチャクラと関わりがあります。本当に女性的であたたかくてソフト。その上、ロマンティックで優しくて魅惑的です。ロマンスに関して祈ることができます。自分にぴったりの男性や女性を引き寄せます。その力は、創造主であり、母なる大地であり、情熱であり、感情的な欲望の象徴です。「恋愛を楽しみたい」「幸せに成功したい」という願いがあるなら、ヴィーナスの女神力を借りましょう。最高に幸せな成功した人たちは、決まってありのままの自分を愛しているからです。

女神とつながる
アファメーション

「私は恋愛で愛される」

I am romantically loved.

こと葉のプチ女神辞典

輝く金星（ヴィーナス）と関わりのある女神を、古代ギリシアではアフロディーテとも呼びました。ヴィーナスは、ラテン語のウェヌスの英語読みです。美と愛の女神です。ギリシア神話の天空の神ウラノスの男性器が海に投げられたとき、乳白色の泡が沸き立ち、美しい乙女アフロディーテが生まれます。そして、西風ゼピュロスに運ばれて、キュプロス島に上陸。アフロディーテが歩くと花が咲き、季節の女神たちが正装させると、あらゆる神々が彼女を妻にしたいと願ったといいます。画家ボッティチェリの描いた「ヴィーナスの誕生」がこのシーンです。古代よりアフロディーテは多くの絵画や彫刻に取り上げられ、前2世紀のミロのヴィーナスなど、理想的な女性美の体現として多くのヴィーナス像がつくられています。金星と同一視されるという意味ではメソポタミアの女神イシュタルも同じで、イシュタルは豊穣と性の女神で、宵の明星そのものでした。

Cleopatra
クレオパトラ

女神FILE NO.07

クレオパトラ Cleopatra

エジプトの顕れ。クレオパトラはパワフルで創造的な女神です。ソーラープレクサス（太陽神経叢）チャクラと関わりがあります。その創造性は、彼女をモチーフとして後世につくられた多くの美術と詩に表れています。大胆不敵なリーダーであり、王国をなんとしても守った強い意志の持ち主です。人生の困難に遭遇したときやアイデアと行動力がほしいとき、クレオパトラの女神力を頼ることができます。願いがかなうと信じる強さを彼女に祈りましょう。

女神とつながるアファメーション

「私は、パワフルで創造的だ」
I am powerful and creative.

「私はなんでもできる力を持っている」
I hold power to do anything.

「私は自分の世界をコントロールする」
I am in control of my world.

こと葉のプチ女神辞典

クレオパトラ7世は、古代エジプトのプトレマイオス朝最後のファラオ。王宮があったアレクサンドリアは世界最大の国際都市で、彼女は7カ国語を操る才女だったと言われています。弟のプトレマイオス13世と結婚してエジプトを共同統治し、当時勢いを増していたローマとの同盟がエジプトの存続の道であると考えました。ローマの政治家カエサルに近づくため、側近に贈り物として絨毯を運ばせ、それに包まった状態で王宮に潜入。絨毯の中から、最新のファッションを纏った若く美しい女王が現れたという有名な逸話です。21歳のクレオパトラの機知に感心した53歳のカエサルは、彼女を愛人として支援。カエサルの死後は、ローマの有力者アントニウスと結婚しましたが、アクティウムの海戦でアントニウス・クレオパトラ連合軍はオクタウィアヌスに敗れ、最期はコブラに自身を咬ませて自殺します。

Gaia
ガイア

女神FILE NO.08

ガイア Gaia

ギリシアの顕れ。ガイアは美しい女神です。宇宙なら、彼女は厳格で強い女神になれます。大地への強い愛情を持っています。多くの人にとって、彼女は宇宙の最高の母です。そして、マザーアース（母なる地球）は、地球への愛情を表す女神です。彼女は、地球のすべての面を代表しています。一部では、女神ガイアと女神マザーアースは同じものと考えられていますが、私、アシュタールの視点において彼女たちは異なる存在です。

女神とつながる
アファメーション

「愛の存在として私は強く生きる」

In my strength I stand as love.

こと葉のプチ女神辞典

ギリシア神話の女神ガイアは天地創造の母神。ガイアとはギリシア語で、地球・大地、土を意味します。原初の混沌「カオス」から生まれ、太陽、月、星、自然、生物など、あらゆるものを創造しました。そして、自分の子であり夫でもある天空神ウラノスとの間に無数の神々を生み出します。50の頭と100の腕を持つヘカトンケイル３兄弟、ひとつ目の巨人キュクロプス３兄弟、クロノスらのティタン12神たちです。しかし、父ウラノスは、醜く恐ろしい外見と怪力を持つその神々を怖れ、光のない冥界へと封じてしまいます。母としてその冷酷な仕打ちに怒ったガイアは、息子のクロノスを煽ってウラノスを去勢。クロノスが天下を取りますが、クロノスも我が子に王座を奪われることを怖れ、子どもを次々に飲み込んでしまいます。その冷たさに怒ったガイアは、クロノスの妻レアに入れ知恵をし、おかげで息子ゼウスが難を逃れて育ちます。

Amaterasu

アマテラス

女神FILE NO.09

アマテラス Amaterasu

日本の顕れです。ソーラープレクサスチャクラと関わりがあります。健康と経済的豊かさ、家、家庭、全体的な人間関係などをサポートし、人生のあらゆる面でバランスをとってくれます。また、慈悲の女神であり、家族をまとめるような愛を持った女神です。優しくて親切で、どのレベルにおいても戦うような質がありません。「もっと愛情深くなりたい」なら、アマテラスの女神力とつながるとよいでしょう。異性を怖れてしまうという状況にも、その力は役立ちます。

女神とつながる
アファメーション

「関係性、家族、自分自身の健康とウェルネスは強力だ」

The health and wellness of my relationship , family myself are strong.

こと葉のプチ女神辞典

日本神話における太陽神にして、八百万の神々を統《す》べる女神。『古事記』では天照大御神、『日本書紀』では天照大神と記されます。黄泉《よみ》の国から帰還した父イザナギが、穢《けが》れを清めるために行った禊《みそぎ》で生まれた三貴神の長女。イザナギが左目を洗った際に誕生したのがアマテラスで、右目を洗って生まれたツクヨミと、鼻を洗って生まれたスサノオの姉神です。弟のスサノオの狼藉《ろうぜき》に怒り、天岩戸に閉じこもってしまったエピソードで知られます。アマテラスが隠れると世界は闇に包まれ、悪霊が跋扈《ばっこ》する事態に。そこで、八百万の神々が知恵を出し、宴会を開き、興味をひかれたアマテラスが外をのぞくと、八咫鏡《やたのかがみ》が差し出され、そこには美しい光が映っていました。そのとき岩戸が開かれ、世界に光が戻ったのです。日本の総氏神として万能のご利益を持つとされています。

Kali
カーリー

女神FILE NO.10

カーリー Kali

インドの顕れです。ルートチャクラと関わりがあります。彼女は破壊者です。非情ということではなく、闇を破壊し、光の道をつくります。「悪」と「あなたが愛する基盤を持つのを妨げているもの」を破壊するのです。アクティブで、世の中を取り壊しながら光に向かって進んでいくような人がいたら、その通った跡を見てください。愛や慈悲が後に残されているはずです。それがカーリーの質です。また彼女はカルマから解放するという力も持ちます。道を切り開くだけでなく、カルマを完了させるという女神力がもたらされるでしょう。

女神とつながる
アファメーション

「光の道を歩むため、すべてのブロックが取り除かれた」

All blocks are removed to walk a path of light.

こと葉のプチ女神辞典

インド神話、ヒンドゥー教のパワフルな女神です。カーリーという名は黒き者という意味です。物事の始まりと終わり、自然の周期や再生の女神として、生や死を司る神格があります。女性的な生命エネルギーを象徴し、地母神としての側面もあります。カーリーが誕生したのは、悪神たちが神々を支配しようとしたときで、シヴァの妻である女神ドゥルガーの怒った額から出現したとも、女神パールバティの憤怒相からともいわれています。黒い肌で、怒りの表情、4本の腕、第3の眼、長い舌、ドクロの首飾りに、生首と武器を持った姿で描かれます。カーリーは悪神たちとの戦いに勝利し、その首を切り落としました。戦いの激しさは、大地を切り裂くほどでした。破壊することでなにかを守護したという逸話が数多くあります。自己の変容、古い自分を手放して前に進みたいとき、聖なる女性性の力を使って事を変容させたいときに、助けを求めることができます。

Sarasvati

サラスヴァティ

女神FILE NO.11

サラスヴァティ Sarasvati

インドのヒンドゥーの顕れです。日本での名は弁天。喉のチャクラと関連があります。笑いが大好きな、夢をかなえる女神です。私、アシュタールは彼女をセーラと呼んでいます。パワフルな存在で、ガーディアンです。人間や地球を見守っています。言葉、知恵、学習の女神であり、彼女のまわりの世界を高く評価しています。クリエイティビティを高めてくれるので、「夢をかなえたい」と願うなら、サラスヴァティの女神力はぴったりです。自信が持てないときも、彼女の女神力に頼ってください。

女神とつながる
アファメーション

「すべては可能である」

All things are possible.

こと葉のプチ女神辞典

インド神話における芸術の神。インドの神聖な3大河川のうちの1つと同じ名で、河の神ともされます。河の流れの妙なる様を形容した音からきた名前。元々は水と浄化と豊穣の女神です。ヒンドゥー教の最高神ブラーフマーが自らの光から作り出した娘で、その美しさに夢中になり、自らの妻としました。王冠を被り、ヴィーナという弦楽器を持ち、知恵の本(経典)や数珠を持つ姿で描かれることがあります。言語、学問、芸術を司り、サンスクリット語を作り出したとも。愛、美貌、子孫繁栄の神格もあります。日本では、仏教の天部の神である弁財天(弁才天)と同一視され、さらに水を司るという類似点から、神道の宗像3女神の1柱・イチキシマヒメとも同一視されています。ちなみに、日本に弁財天信仰を広めたのは、弘法大師空海であるという説もあります。

Mother Mary
聖母マリア

女神FILE NO.12

聖母マリア Mother Mary

聖母マリアも観音と同じで慈悲と憐れみの女神ですが、主に生きている子どもたちを見守ります。その愛は家族をまとめるような愛です。聖母マリアには、優しくて親切で、どのレベルにおいても戦うような質がありません。ですので、例えば、「異性とつい争ってしまう」「怒りっぽい」という場合は、聖母マリアの力を借りるとよいでしょう。「もっと愛情深くなりたい」という人にもおすすめです。聖母マリアに祈り、慈悲と愛の女神力を手に入れましょう。

女神とつながる
アファメーション

「私は愛」

I am love.

こと葉のプチ女神辞典

キリスト教で最も有名な聖女。『新約聖書』ほかに登場するキリスト教の聖母で、イエス・キリストの母です。大工であった夫ヨセフと婚約中に、イエス・キリストを身ごもり、処女のまま息子を生みました。精霊の働きにより創造神ヤハウェの子を処女受胎したことを大天使ガブリエルから告知されました。有名な処女受胎のエピソードです。キリストの行くところには聖母マリアの姿があったとされ、キリストの磔刑《たっけい》の場も、キリストの弟子のヨセフ(後の聖ヨハネ)とともに見守りました。キリストは処刑の前に、弟子の聖ヨハネと聖母マリアに、互いを母と子と思うようにことづけます。その後は、しばらくエルサレムに住み、迫害を避けてエフェソスに移りました。聖母マリアは64歳までその地で生きたといわれています。昇天後、聖母マリアの出現は世界のいたるところで報告され、奇跡的な癒しや重要なメッセージが与えられています。

Seoritsuhime
瀬織津姫

女神FILE NO.13

瀬織津姫《セオリツヒメ》 Seoritsuhime

日本の顕れです。とてもソフトでパワフルです。アテナに少し似ています。あとずさりをしない、しっかりと目的をもって生きていくための力を備えています。ビジネスパーソンの場合、強さとパワーが必要となりますが、彼女の女神力は大いに役に立つことでしょう。また、絆が弱くなってしまった人間関係を修復してくれます。例えば、ハンディキャップのある子どもがいて、どうしたらいいんだろうと気持ちが弱くなった親などをしっかりと助けてくれます。自分に自信が持てないときにも、瀬織津姫の女神力とつながってみてください。

女神とつながる
アファメーション

「私の光は叡智で輝く」

My light shines with wisdom.

こと葉のプチ女神辞典

神道における穢《けが》れ祓《はら》い、浄化、水、川、滝の女神です。瀬は、渡ることのできる川の浅いところで、瀬織津姫とは、瀬を流れる川の波を織りなす女神の意味。古事記や日本書紀には登場しない神であり、大祓の儀式で奏じられる大祓の祝詞に登場します。大祓の祝詞《のりと》には、他に祓戸の神と総称される3柱がいて、それはハヤアキツヒメ、イブキドヌシ、ハヤサスラヒメといった神々です。瀬織津姫は、勢いよく流れ落ちる川の瀬にいて、川の急流に乗せて、災いを引き寄せる罪や穢れを取り除き、大海原に送る働きをするとあります。そこから、開運厄除や病気平癒のご利益を持つ女神として信仰されるようになりました。また、水の流れを司る女神として、治水守護、水難除けの神格も併せ持つと考えられています。桜の神ともいわれます。アマテラスの荒御魂としてまつる神社も存在します。イザナギの禊で誕生したヤソマガツヒノカミと同一視する説もあります。

Lady Master Nada

レディマスターナダ

女神FILE NO.14

レディマスターナダ Lady Master Nada

ピンクの光です。愛を教えてくれます。家族の力を教えてくれる存在です。また、運命のパートナー同士をつなげる役割を担っています。あなたと強い結び付きのある関係性であるソウルメイト、ツインフレイム、ディバインコンプリメントといった相手を見つけ出したいときに、その女神力は輝くでしょう。彼女に出会いをもたらしてくれるように祈ってください。紫の光（バイオレットレイ）であるセント・ジャーメインとは、ツインフレイムの関係にあります。

女神とつながるアファメーション

「私はソウルメイト、ツインフレイム、ディバインコンプリメントと出会う」

I meet soul mate, twin flame, and divine complement.

こと葉のプチ女神辞典

セント・ジャーメインや大天使ミカエルとともに働くアセンデッドマスターです。レディマスターナダの地球上での歴史については、はっきりした文献などがありません。しかし、アシュタールが名前を挙げる女神の1柱です。ナダとは、サンスクリット語で「聖なる音」「無音の沈黙」などを意味します。静かな空間に平和が存在するように、世界に男性エネルギーと女性エネルギーのバランスをもたらす手助けをします。ピンクの光として存在し、愛を教えてくれる教師です。ちなみにセント・ジャーメインは、フランス革命のときに、自由・平等・博愛の精神を説いた伯爵で、フランシス・ベーコンやシェイクスピアとして転生したとも伝えられています。

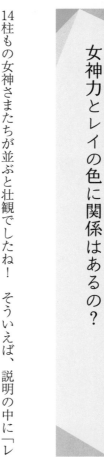

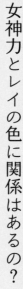

女神力とレイの色に関係はあるの？

こと葉

14柱もの女神さまたちが並ぶと壮観でしたね！　そういえば、説明の中に「レイ」という言葉が出てきていたと思います。以前、アシュタールからは、人間はみんな色の光の中にいて、それをレイと呼ぶと聞いた記憶があるんですが、そもそもレイとはなんですか？　そして、女神とレイには、どんなつながりがあるんでしょうか？

アシュタール

まず、レイとは光線のことです。人間界と同じく私たちの世界にもヒエラルキー（序列）があります。まず、宇宙。そして、11次元には、一部の女神や私を含めたアセンデッドマスターたちなどがいます。アセンデッドマスターたちは集合意識なんです。それが宇宙の声を代弁するのですが、それは円になった虹のようなもので、黄、赤、青、緑、紫、白……といった光を放っているわけです。集合意識＝レイだと思っていただいてもいいでしょう。このレイがみなさん一人ひとりの特徴を定義していきます。ですから、自分が何色のレイなのかというのは、セッションではよく聞かれる質問です。

こと葉

自分のレイの特徴には、その人の長所が表れていて、それを使命として生かすと効果的だったりするんですか？

アシュタール

そういうこともありますし、逆にそれがレッスンであることもあります。さらにレイは固定ではなく、ときに変わったりします。それは抱えている問題や学ぶべきレッスンが、関わっているからなんです。寄り添う女神やアセンデッドマスターの影響で変わることもあります。それでは、12種類のレイを色別に簡単に説明していきましょう。

ホワイトレイ
白

〈 特徴やレッスン 〉

純粋性、イノセンスをもたらします。アセンション（霊的覚醒）の象徴でもあります。地球のエネルギーを解放します。ホワイトレイの人は辛抱強く、人類をアシストするためにいます。

関連するチャクラ	関連する石	関連する女神など
クラウンチャクラ （頭頂）	ムーンストーン マザーオブパール セレナイト	聖母マリア サナンダ

バイオレット（パープル）レイ
紫

〈 特徴やレッスン 〉

美しいセント・ジャーメインがいます。彼はパワフルなヒーラーとして知られている存在であり、バイオレットフレイムを司っています。サードアイと松果体を開きます。バイオレットレイは、より高い理解を表します。人々を健康と経済的豊かさに導き、強さを表します。

関連するチャクラ	関連する石	関連する女神など
サードアイチャクラ （眉間）	アメジスト	イシス セント・ジャーメイン

インディゴブルーレイ
藍

〈 特徴やレッスン 〉

深い藍色。アシュタールカラーです。叡智、パワー、ティーチャーを表します。このレイの中にいる人はそういった質、特徴があります。紫寄りの青ではなく、アシュタール的にはインディゴブルーです。脳の松果体にも関わっていて、意識の一部を開きます。それによって宇宙に入っていくことができるでしょう。宇宙とのつながりが深いレイです。

関連するチャクラ	関連する石	関連する女神など
サードアイチャクラ（眉間） コスモスチャクラ（額の生え際付近）	ラピスラズリ	観音 アシュタール

ブルーレイ
青

〈 特徴やレッスン 〉

このレイの色はティーチャーです。辛抱・忍耐強く、平和を追求します。真実の言葉を発します。理解があります。他人を楽にし、喜びをもたらします。さらに、育む質が見られます。カウンセラー、ヒーラーです。特徴は、サラスヴァティやアセンデッドマスターのクツミと同じで、この偉大なティーチャーは、叡智・真実を語るのを助けてくれます。

関連するチャクラ	関連する石	関連する女神など
スロートチャクラ（喉）	アクアマリン	サラスヴァティ クツミ

グリーンレイ

緑

〈 特徴やレッスン 〉

明晰さ、浄化。明確で、浄化やヒーリングの効果のあるエネルギーを持ちます。実は、人間には2つのハートチャクラがあります。よく知られているのは胸の中心で愛を与えるチャクラ。もう1つは、左の肩の下あたりにあり、愛を受け取るチャクラ。レイキヒーラーは、レイキのエネルギーを与えますが、この緑のレイのエネルギーを与えているというわけです。

関連するチャクラ	関連する石	関連する女神など
ハートチャクラ （胸の中心の与えるほう）	ターコイズ アベンチュリン クリソプレーズ	アテナ ヒラリオン

ピンクレイ

桃

〈 特徴やレッスン 〉

このレイは、ひと言で言うなら愛です。慈愛をもって人を助け、育むヒーラーの役割を果たします。そのハートの価値を人生にもたらすために現れています。家族の力に気付かせてくれます。ルビーは赤のルートチャクラの石でもありますが、透明感のあるルビーは愛のエネルギーで、よりハートに近いもの。その色は聖母マリアともつながりがあります。

関連するチャクラ	関連する石	関連する女神など
ハートチャクラ （左の肩の下にある受け取るほう）	磨かれた 透明感のある きれいなルビー	ヴィーナス 聖母マリア レディマスターナダ

イエロー（ゴールド）レイ
黄（金）

〈 特徴やレッスン 〉

日の出のような黄色はバランスを示します。シトリンやイエロートパーズのような石を持っていると、バランスをとりあなた方が上昇するのを助けてくれます。エル・モリヤはイエローレイに関連する存在ですが、とてもパワフルです。彼はまわりのすべてに調和をもたらします。平静、静けさ、平和を表しています。また、クレオパトラもここにいます。

関連するチャクラ	関連する石	関連する女神など
ソーラープレクサスチャクラ （太陽神経叢）	シトリン イエロートパーズ	クレオパトラ アマテラス エル・モリヤ 大天使ミカエル

オレンジレイ
橙

〈 特徴やレッスン 〉

サンゴのようなコーラル色。とても高い波動へ導いてくれるレイです。バランスを整え、より高い叡智、真実と同調し、より高い理解をもたらします。その役割は、人類の理解を愛する、理解する、自分自身を理解するということ。自分の人生の中に秩序があることを好みます。中道や感情のバランスを教える存在であるブッダがいます。

関連するチャクラ	関連する石	関連する女神など
セイクラルチャクラ （臍と仙骨のあたり）	カーネリアン	アフロディーテ レディマスターナダ ブッダ

レッドレイ
赤

〈 特徴やレッスン 〉

深い赤は基盤・土台となります。人間のパワーは、そこからもたらされてきています。このレイはパワフルです。そのパワーは内側から発せられるもので、それを美しい女性性と共に発揮することが目的になります。ルートチャクラとつながりがあり、クンダリーニのエネルギーと関わっているときは、尾骨の底辺からエネルギーを上昇させていきます。

関連するチャクラ	関連する石	関連する女神など
ルートチャクラ （尾骨よりも少し下）	ガーネット 赤の強いルビー	アフロディーテ ガイア エル・モリヤ

グレイ（シルバー）レイ
灰（銀）

〈 特徴やレッスン 〉

その目的は、明晰さ・浄化を表します。クリアにするというような意味です。不思議な、目に見えないような霧深いところに入っていったなら、すごく未知の感じがするはずです。誰も知らない世界。美しいです。そこにはアセンデッドマスターのヘルメスという存在がいます。ヘルメスは哲学者です。

関連するチャクラ	関連する石	関連する女神など
ルートチャクラ （尾骨よりも少し下）	ヘマタイト シルバー グラネイト （グレイの石）	ヘルメス セレーネ

ブラックレイ
黒

〈 特徴やレッスン 〉

復活と永遠の命を象徴しています。これは闇を超越して光に変える場所です。普遍的な光が明るく輝くために、必要に応じて保護し、破壊する光線です。この虚無の中にはとても強力なヒーリングのエネルギーがあります。探求し、創造する。新しいエネルギーを目覚めさせてくれます。

関連するチャクラ	関連する石	関連する女神など
なし	マグネタイト （磁鉄鉱）	カーリー プラトン

クリアレイ
無色

〈 特徴やレッスン 〉

まったく色のないクリアな色。それは宇宙にサポートされている色です。なぜなら、すべての光の色を混ぜるとクリアになるからです。対応するクリアクオーツのテーマは完璧性・完全性。すべてのエネルギーを受け取り、それを完璧な完全な状態にします。ここにいる女神のテレ（またはタラ）は知恵の悟り、純粋さ、完璧さの象徴です。

関連するチャクラ	関連する石	関連する女神など
クラウンチャクラ以上の 高次元チャクラ	クリアクオーツ	テレ（ヒンドゥー教） または タラ（仏教）

Kotoha's Starseed Memo

女神さまたちと一緒に私たちをサポートしてくれる存在とは？

ここまでで、ときどきアセンデッドマスターという言葉が出てきたことに、みなさんは気付きましたか？　彼らの多くは、かつては人としてこの地球に生まれ、生活していた存在です。例えば、セント・ジャーメイン、サナンダ、クツミ、ヘルメス、トート、プラトン、エル・モリヤ、ヒラリオン、ベニス人パウロなど、とにかくたくさんの存在がいます。また、紹介中の聖母マリアや観音、カーリー、クァンイン、アフロディーテ、レディマスターナダなどは、女神さまであると同時にアセンデッドマスターでもあるんだとか。2つの肩書きがあるなんて毎日忙しそうな気がしてしまいますね（笑）！　そして、もちろん我らがアシュタールもアセンデッドマスターのひとり。アセンデッドマスターたちは悟りに達したスピリットで、集合意識の中で宇宙の右腕として働き、その声を代弁してくれているそうです。

Part 3

おねがい☆女神さま
～前編～

あなたの夢や希望を
女神たちと一緒にかなえよう!

女神力とつながる前に

女神さまという存在は実はとても身近で、私たちの周りにもたくさんの女神さまたちがいることがわかりました。では実際に、私たちはどうやって女神力を発揮したらいいのでしょうか？

それには女神とつながる必要があるのですが、そのコツをお伝えしましょう。私自身に問い掛けてもらうときは、「大好きな、ユーモアにあふれたおじいちゃんだと思って話してごらんなさい」とみなさんによく言います。もちろん、イケメンだと思っていただいてもいいんですけれど！　なにが言いたいのかというと、**尊敬の念を持ちながら、でも、好ましかったり、いい友人であるかのように向き合いなさい**、ということです。女神たちに対しても同様

です。すると、どんなことでも話せるようになり、スムーズに女神とコミュニケーションがとれるようになるでしょう。

こと葉

同じおじいちゃんでも、みなさんのおじいちゃんと私の違いがどこにあるのかというと、それは「親に言いつけたりしない」ということです（笑）。地球では、医師やカウンセラーといった職種の人たちは秘密を守らないといけないでしょう？　ですから、女神をはじめ、私たちアセンデッドマスターとコミュニケーションをとりたいなら、心の壁を取り払い、昔からの友人に対するように、ただ話しかけてくれればいいんです。もし、私をおじいちゃんと呼ぶことに抵抗があるなら、ロード・アシュタール、司令官アシュタール、アシュタールおじさん、イケてるアシュタールなど、いかように呼んでくれてもいいんです。

女神さまに対しても、敬意を払いつつ、でも親しみを込めて呼びかければいいんですね。名前を呼びかければ、つながることができるんですか？

アシュタール

実際のところは名前を口にする必要もないんです。話しかけるという気持ちがあれば大丈夫。女神ではありませんが、わかりやすいところだと、インドにはガネーシャという存在がいるでしょう？　その名前を唱えなくても、あの象の顔のイメージを思い浮かべるだけでいいんです。

今からお話しするのは、40年ほど前のこと、私が誰かということをテリーが知る以前の話です。クリスチャンだったテリーは、祈るときに必ず「神」や「イエス」という言葉の他に「私を見守ってくれているすべての存在」という、ひと言を付け加えていました。クリスチャンは通常そういうことはしないのですが、私たちすべてをテリーは無意識のうちに呼んでいたんです。そうした祈りは、とてもパワフルなものになります。

もちろん、助けや導きを必要とするとき、地上のあらゆる文化や地域で生まれた神や女神たち、そして、アセンデッドマスターの個々の名前を唱えることができるのであれば、それはとてもよいことです。でも、同時に「私を見守ってくれているすべての存在」に意識を広げるようにしてください。そうすると、本当に大きなグループがみなさんの助けとなってくれます。

テリーさんがアシュタールという存在を知らずに呼びかけていたのと同じように、つながりたい女神だけでなく、すべての存在に働きかけてもいいんですね。欲張りのような感じがして、1柱の女神さまに限定したほうがよいのかと思ってしまいました。

ある女神だけが特定の働きや力を持っているというわけではなく、複数の女神がお互いをサポートしあっています。どの女神の力が今のみなさんに合っているかどうか、より馴染むかどうか、それだけの違いなんです。ですから、一生同じ女神力を活用するということではなく、タイミングによって様々な女神たちの力を駆使すればいいというわけです。

そして、どうか言葉で呼びかけるということに、とらわれすぎないでください。

言葉ではないんです。ハートなんです。ハートを使ってください。助けや答えを求めているとき、女神の力に頼りたいときは、彼女たちのことを思い描けばいいんです。例えば、「今日は問題を抱えています。私のペットが病気なんです。どうしたらいいでしょうか。助けてください。お願いします。力を送ってください。私のペットをサポートできるように」。こんなふうに語り掛けて、感謝を示してください。

後でとっておきのアファメーションも紹介しますが、いつでも、どの女神を、場合によっては、すべての女神を呼んでもいいんです。インドにだって、エジプトにだって、アメリカにだって、日本にだって、あらゆるところに女神はいます。目的によって呼べばいい。ハートを使って呼べばいいんです。

瞑想は男性性と女性性のバランスを取り戻す最高のエクササイズ

こと葉

たくさんの女神に呼びかけるのは、本当に困ったときまで、取っておこうかな？　ところで、女神の力をより発揮しやすくなるポイントみたいなものはあるんでしょうか？

アシュタール

前のパートで、それぞれの女神とつながりやすくなるアファメーションを紹介していますので、まずそれを活用していただきたいですね。そして、それとは別に基本となることがあるんですが、女神力を得るにあたっての大きなポイントをこと葉さんは覚えていますか？

こと葉

ええと……、確かソフトさを持ちながら、パワフルでもある、という感じだったような……。

アシュタール

そうです。最初のほうでお話しさせていただきましたが、よく覚えていらっしゃいましたね！　これについては、人によっては、どうすればいいかわからないと言われることも大変多いんです。

こと葉

うーん、確かにがさつになりすぎたり、従順になりすぎたりと、男性性と女性性のどちらかに寄ってしまうことはよくあるかもしれません。

アシュタール

男性性と女性性のバランスを整えることは、女神力を効果的に発揮するためにはとても大切です。人によって、どちらかの質がより強かったり、より弱かったりということも確かにありますが、そうですね……、今バランスが整っているか、崩れているか、それを知るよい方法があるので、先にそれをお伝えしましょう。

人の左側は女性性、右側は男性性などと表現されることが、ときどきあるでしょう？　もし、右の肘をどこかにぶつけて、いつも痣《あざ》をつくっていたり、痛い思いをすることが多いなら、それは今のあなたが男性性を前に押し出しすぎてしまっているということになります。逆に、左側の足の指をいつもぶつけてしまっているという人は、女性性が強くなりすぎているということなんです。バランスが崩れているときは、そういうことが顕著に起こる場合があります。

こと葉

ちょっとしたケガが身体からのメッセージになるわけですか。単にドジだからだと思っていました……。

アシュタール

そういうこともあるかもしれません（笑）。でも頻繁にどちらかばかりケガをするようなことがあって、おかしいなと感じたときは、人は男性性と女性性の両方の質があるのだということを認識することから始めましょう。どちらがよい、悪いということではありません。ソフトすぎてもいけないし、強すぎてもいけない。目指すのは、とてもいい感じのバランス。慈悲の心があって、慈愛

に満ちていて、それでいて人々をリードしていくことができるような力もある。静かに話しているのだけれども、その言葉には力強さと意志が感じ取れる。自分自身がしっかりと中心にいて美しい理解の中にいる、というような状態です。

もし、あなたが育むほうにばかり一生懸命になってしまって、そちらに熱心になってしまうと、自分に強い部分があったこと、女神力があったということを忘れてしまうんですね。だからといって、この場合、自分の持っている女性的な魅力を手放さなければならない、ということではありません。その強さの部分を思い出す必要があるということです。では、崩れてしまった男性性と女性性のバランスを取り戻すにはどうしたらいいのか？

こと葉

そ、そんな方法が……？

アシュタール

それは、瞑想・瞑想・瞑想です！

瞑想をすると、自分の中心軸がしっかりしてきます。最初は深呼吸です。それをすることでチャクラが開きます。あなたの肺は酸素で満たされて、背筋も伸びます。そして、リラックスして、エネルギーが身体の中心を流れるようになるんです。私がよくみなさんにおすすめしているのは、**3回の深呼吸**ですね。1回目と比べて2回目は少し楽に、3回目はもっと楽になります。それは自分自身と調和がとれてくるからなんです。尾骨部のルートチャクラから宇宙までバランスが整うんです。

本当にシンプルな呼吸のエクササイズだけで、自分のバランスを取り戻し思い出すことができます。強く目的を持って、かつ慈悲の心をもって、人を理解し助けていく。呼吸をして、調和させて、女神力と

様々な女神とつながる
スペシャル・アファメーション

私は行いすべてにおいて、守られ愛されている

I stand protected and loved in all I do.

いうバランスを得るんです。

こと葉

瞑想にはそんな効果があったんですね。日課に取り入れて女神力を上手に発揮していきたいと思います！

Ashtar's Voice

アシュタール直伝！

こんなときは、この女神力を使ってみよう！

前編

あなた自身は今どんな願望や悩みを抱えていますか？
気になるという声や質問が多かったお悩み別に、
どの女神たちの力があなたを助けてくれるのか、
アシュタールに聞いてみました。

★★★★★

おねがい★女神さま

「大きなことから小さなことまで願いをかなえたい」

アテナ／イシス／観音／クレオパトラ

なにかを実現させたいと思うとき、瞑想をしたり神社で祈ったり、アファメーションをしたり、宇宙に意識を向けたりしますよね。それなのに、かなうときとかなわないときがあるのはなぜか？　これはテリーの例ですが、店でチョコが目に入りました。そこにテリーのお気に入りはなかったけれど、「お気に入りのチョコがほしい」と神羅万象へ放ったんです。すると、次に来たクライアントがドイツ製のそのチョコを持ってきてくれた。これは日本でのことです。すごいでしょう？　これと同じように女神力も作用します。

例えば、誰かが病気になって、それが完治してほしいと

きも、瞑想して祈ります。でも、治るんだと、奇跡が起こるんだと信じていなかったら、そもそも治癒しません。信じると口では言えるけど、ただ信じるのではなく、「治ることを知っている」という感覚。信じるとはそういうことです。ここに到達することが具現化のカギです。

こと葉

奇跡でもなんでも、「起こることをあらかじめ知っている」という感覚ですか？

アシュタール

具現化するときは、宣言をするときに宇宙や女神のスパークに触れています。

ワンネスを創造しているエネルギーがワンネスに入っていくんです。ワンネスの概念とは、分離されていなくてひとつなんだということ、神羅万象、生きとし生けるものすべてが宇宙や女神の顕れなんだということです。ワンネスの中にいるとき、自分は木や川と違いがないということに気付きます。ですから、確実に具現化をしたいなら、瞑想やアファメーションの中で、あなたの内にある

女神の存在を宇宙へと向かって解き放ち、すべてとつながりましょう。そして、アテナ、イシス、観音、クレオパトラに、信じる強さを持てるように祈ってください。

願望実現の中でも、あらかじめ決めてきたブループリント（使命の青写真）を生きるには、目的を達成するという強さが必要です。他の人を優先させるあまりに、自分の人生の目的が二の次であったとしたら、自分自身にパワーを取り戻せるよう、強い男性性を持つ女神であるイシスやアテナに祈りましょう。おすすめしたいのは、自分のブループリントを見に行く瞑想です。対話、言葉、イメージ、感じること、感覚的にわかることなどを通して、自分のブループリントを感覚として知っていきましょう。

アシュタールの知恵袋 1

着実に夢がかなう夢ダイアリーづくり

1日で大きな神殿は建たないけれど、どういう設計にするかと建築家と話すことはできますよね？ つまり大きな夢を日々行動可能なステップへと砕いていくことが大切です。

具体的には、お気に入りの手帳を手に入れて、「夢ダイアリー」を作りましょう。1日1日のベイビーステップを記録していきます。1日を終えたときに「今日は夢を達成するためになにをしたか？」を2〜3個書くんです。瞑想した、会話した、思いを抱いた、ネットを検索したなど、どんな小さなことでも構いません。

そして、ときどき確認します。ハッピーな日はスマイルマークや金色の星のシールなどを成功の印として、そうでない日はがっかり顔マークのシールを「夢ダイアリー」に貼ります。これを続けながらスマイルマークの日を増やすようにすることで、大きな夢がかなう日も近づいてくるでしょう。

おねがい★女神さま

「直感力を磨きたい」

イシス／クァンイン

直感力を磨き、ライトワーカーやヒーラーとして活動したいなら、美しい光のエジプトの女神イシスとつながりましょう。イシスは、エジプトのミステリースクールで教えられる神聖な内容を伝えてほしいと思っています。

瞑想のとき、静かに座って、頭頂のクラウンチャクラを開いてください。あなたがイシスの美しい周波数のチャネルとなります。そして、ハートをイシスやアセンデッドマスターに向かって開くと象形文字がやがて見えてきます。そんなふうにハートを開く練習をしていけば、いろいろな存在とつながりやすくなるでしょう。

こと葉

最近は、龍の力に関心がある方も増えて、とても人気ですが、その場合もやはりイシスなのでしょうか？

アシュタール

龍の場合はクァンインですね。美しいクァンインは龍を手なずけます。中国の顕れであるクァンインは、カルマを壊して、世界に慈悲をつくり出します。

クァンインとつながると内面から強さが外に出てきて、自分の中の龍を目覚めさせます。龍といっても恐ろしい姿をしているわけではなく、美しくふくよかなトカゲのような感じで、どちらかというとかわいい姿ですね。大きくなることもできますが、マスコットのようなサイズで、そばにいる場合もあります。

こと葉

セッションでは、「龍があなたと、ともにいます」と伝えられる人もいますよね。一緒に遊んだり（？）することもできそうで、うらやましいです。

おねがい★女神さま

「地球のためになにかしたい」

ガイア

アシュタール

地上のたくさんの大陸で生きていた経験のある人たちは、ぜひ美しい女神、大地のガイアと一緒に仕事をしましょう。女神ガイアは、あなたに自然の美しいトーンを持ってきてくれます。「地球のアセンションは私から始まる」と毎日思ってください。

今あなたが、オーガニックやエコロジー分野に含まれる、自然食品や自然素材のプロダクツなどに関心を持っているなら、それはガイアがあなたと仕事をしたいと思っている表れです。ガイアが、自然の大切さを広め、そうした活動に携わるようにとメッセージを送っています。

こと葉

すぐにそうした仕事に就くことができなくても、普段から添加物を避けた食事を口にすることは大切です。衣類ならヘンプ（麻）でつくった製品を多く身に着けるなど、ガイアの力の働きかけに従いましょう。自然災害の被害を受けた地域にボランティアに行くなどといったこともガイアは喜びます。そして、機会があれば、同じく興味を持った人がいたなら、そうした人に地球の自然の大切さに教えてください。決して押し付けがましくしてはいけませんよ。

衣食の問題もありますが、海外では深刻な森林火災が続いたり、日本でも大きな台風や地震が次々に起こったり、世界的に病気が流行したりと、これまでとは違う地球の変化を感じることが多くなっています。地球の環境保全やアセンションは、アシュタールと誓約を交わして地球にやってきたスターシードたちの役割でもあります。私もスターシードの1人として、ガイアともっとコンタクトしていきます！

美しく健康になる食べ方〜アシュタール・ダイエット

美と健康については、アフロディーテ、ヴィーナス、観音の女神力が頼りになりますが、女神と一緒にあなたをサポートする「アシュタール・ダイエット」を伝授しましょう！

これは私がおすすめする食べ方です。ポイントは3時間ごとに食べること。エネルギーが保たれて生産的になれます。朝はヨーグルトなどでも大丈夫ですが、なにかしら食べて1日を始めてください。

1回の目安として、タンパク質（プロテイン）を自分の片手の握りこぶし分、摂ります。卵は完璧なタンパク質ですし、鶏肉、魚、牛肉などもタンパク質です。

野菜は好きなだけ摂ってOK。アボカドは良質の脂肪ですが、脂肪分が高いので半分以内にしておきましょう。味付けは砂糖、塩を推奨。オイルはカロリー値が増えますから要注意です。フルーツは糖分、炭水化物も多いですが、ビタミンのために、例えば、バナナやオレンジをときどき摂りましょう。3~4個を、3時間ごとに6等分して食べるなどといった感じです。

炭水化物は片手の指を除く手の平の厚み分を摂ります。自分自身の手を目安にしましょう。米やパスタ、パンなどですね。キャンディやチョコも炭水化物としてカウントします。砂糖は悪者ではありません。もし大きなパフェを食べるなら、それを食事にしても構いません。アルコールやスイーツは適度ならOKです。

拒食や過食で悩んでいる人には、「自分を愛するように」という、ひと言を贈りましょう。食べすぎるのも食べなさすぎるのも、自分のケアができていないから。女神への祈りと「アシュタール・ダイエット」で美しく健康になってください。

おねがい★女神さま

「豊かになりたい」

アマテラス／クァンイン／観音

こと葉

日本では、老後の年金問題や消費税増税などで、今は節約志向の人が多くなっている印象があります。お金はいくらあっても困りません。

アシュタール

そうですね。ウェルネス（経済的豊かさ）をかなえてくれる女神力は、アマテラス、クァンイン、観音が備えています。もし、不安から、常にお金のことを考えてしまうようなら、なるべくそれは控えるようにしてください。

足りないということばかりチェックするのは、よいことではありません。自分は貧しい、収入が少ない、などといった考え

に付きまとわれているときは、そうした観念を自分がつかんで離せなくなってしまっていることに気付いてください。**人は、考えること、口にすること、行動することで現実を創造しています。**例えば、貧しかった過去を覚えて手放さないことで、貧しい今、貧しい未来をつくり出してしまうんです。

女神の力でそれを手放しましょう。手をパンと叩いて女神の力を呼び覚まし、考えをストップしてください。その代わりにこのように考えます。「常に必要以上のものがある」「自分は十分以上のものを持っている」と。これは重要なアファメーションです。このように、まず信じないといけません。十分以上のものがあるということは、必要以上のものを得ることになります。

経済的豊かさといっても、いきなり億万長者というのは、ちょっと現実的ではありませんね。身近なところのベイビーステップから始めましょう。例えば、収入が倍になるというのはどうでしょうか？

「アマテラス様、クァンイン様、観音様、助けてください。私の収入は倍になります。必ずそうできます」と祈りながら女神の力とつながりましょう。倍になれば、支払いは全部済みますし、したいこともすべてできるようになります。そして、なにより心にも余裕が生まれます。大丈夫。あなたにはできます。

おねがい★女神さま

「トラウマを乗り越えたい」

カーリー

こと葉

自分のトラウマが原因で、心から求めているのにブレーキをかけてしまうことがあるという話もよく聞きます。そんなときに発揮できる女神力はあるんでしょうか？

トラウマは愛情に関するものがとても多いですね。両親の不仲だったり、異性の親のことだったり、恋人のことだったり。個人的なものなので本当にみなさんそれぞれ違いますが、トラウマがあるときというのは、どんな方向性のものであっても、ハートに穴が空いていて、そこから常に血が流れているような状態になっています。

このトラウマを抱えたまま成長していくと、それがその人のドラマ、存在の一部になっていってしまうんです。怖いのは、人によってはそれを手放したくないと思い込んでしまう人がいることです。

例えば、子どものときに虐待を受けた人が、トラウマに縛られ、そのことを言い続けていると、同類の体験を引き寄せてしまいます。なにが言いたいのか

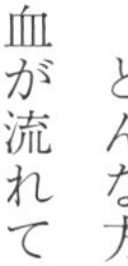

というと、「すること」「言うこと」「思うこと」、それらがアファメーションになってしまうということです。

こと葉

アファメーションには、よいパワーを引き寄せるイメージしかありませんでしたが、逆も起こり得るんですか！

アシュタール

そうです。ですから、**自分のトラウマをアファメーションにすることは絶対に止めましょう。**

あなたを助けてくれる人のところに行ってください。そこで話をするのは結構です。カウンセラーやセラピストに洗いざらい話す、自分をさらけ出せる人や優しいパートナーを見つけて、抱えてきた思いを吐露するなど。瞑想や祈りを通してでも構いませんが、話すことでよくない記憶を自分の人生における強みとして創造していく。変えていくことができるんです。

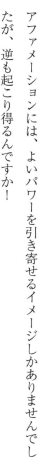

例えば、虐待を受けて外に出ることが怖くなってしまっていたなら、「私はパーフェクトだ」と思うんです。「私は健康だ」「私は強い」「私は賢明だ」「私は安全だ」と宣言します。全部がアファメーションです。他人ではなく、自分自身が人生を、そして、身体をコントロールしているのだと肯定するわけです。簡単なことではありませんけれども、本当にこれは心から自分で思って、働きかけないといけないものです。女神カーリーはそんなときに道を開いてくれます。彼女はカルマを終了させる手助けもしてくれるんです。

こと葉

カーリーは、すべてを無にしてしまうほどパワーのある女神でしたよね。頼もしすぎます。

アシュタール

そのうち、なぜこんなことに、とらわれていたんだろうと思うときがやってきます。それはカーリーの力を得て、自分の人生を変えるという決断をしたという瞬間なんです。そこに至れたなら、今度は「人生に対して、なにを求めているのか」ということにフォーカスしていけるようになるんです。

「愛になりたい」「愛してくれる人がほしい」「ロマンスがほしい」「家族がほしい」「ハッピーなリレーションシップ（男女をはじめとした人間関係）がほしい」「精神的にも身体的にも健康になりたい」など、そんな言葉を言えば言うほど、それがあなたのリアリティとして近付いていくんですよ。そして、カーリーとともに外にそれを表現していけばいくほど、それはもっとパワフルなものになっていくでしょう。

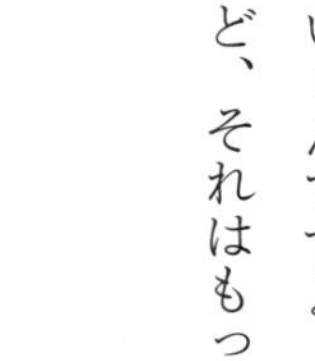

おねがい★女神さま

「もっとクリエイティブになりたい」

サラスヴァティ

クリエイティビティを高めたいなら、サラスヴァティ一択でしょう。彼女は、

音楽、演芸、文学の女神です。弁財天でも、セーラでもいいので、話しかけて「助けてください！　私はできます!!」と宣言して、アイデアのメッセージをもらいましょう。日本の場合なら、弁財天を祀る神社に行って、この美しい女神と一緒に時間を過ごしてください。創造力アップには彼女の力が必要です。神社から家に帰った後も、彼女はみなさんを毎日支えてくれるはずです。

こと葉

アシュタールは、サラスヴァティのことをセーラと呼んでいて、特にお気に入りですよね。

アシュタール

その通りです（笑）。美しさ、溌剌《はつらつ》さもそうなんですが、セーラは笑うことが大好きですから、そんなところを好ましく思っているからなのかもしれません。みなさんも、**毎日の中で、笑って、遊んで、楽しんでください。**なにかを生み出すには、ワクワクを感じることが大切。そして、嘘でもいいから笑う。笑うとハートが開いてハッピーになります。それが創造性にいい刺激を与えます。

もし、あなたがアーティストで、まだ誰も見たことがないような新しいモノを創造したいのなら、いい方法があります。次の瞑想をしてみましょう。眉間には、サードアイチャクラがありますが、そこから、1インチ（約3センチメートル弱）くらい上の前髪の生え際のあたりにあるチャクラを使うと、いくつものパラレル宇宙につながることができます。

私はこれをコスモスチャクラと呼んでいます。このチャクラの力を使って、瞑想し、無の中に入っていき、そこでアイデアが浮かんだら、それを持って戻ってきます。そして、そのアイデアを丹田のセイクラルチャクラに落として感情を加えます。そんなふうにして生まれた作品は、個性的でとてもパワフルです。クリエイターは「宇宙とつながってつくりました」とは言わないかもしれません。でも、実際にはコスモスチャクラの影響を受けて作品づくりをして

アシュタールが教える11次元の女神力でお悩み解決!
おねがい女神さま
Ashtar × Goddess
期間限定 読者無料特典
14 柱の女神の中から、
今のあなたにぴったりな女神1柱の
メッセージ（イラスト付きPDF）を
アシュタールがお届けします。
どの女神が現れるかは
あなた次第!?
応募フォームは
コチラから
https://voicestyle.net/campaign/
present_9784899765066/Hertmqm4e
応募者全員にPDFプレゼント!
アシュタール
アマゾンでレビューを投稿いただいた場合は
さらに追加特典も! 詳細はコチラをご覧ください。
https://s.voice-inc.co.jp/3aMlngD

こと葉

いる人はとても多いと思います。シュールレアリスム系のアーティストなどはよい例ですね。

アシュタール

アシュタール命名のコスモスチャクラですか。そんなチャクラがあるとは知りませんでした。サラスヴァティの力とコスモスチャクラ瞑想でどんな作品が生まれるか楽しみですね。

おねがい★女神さま

「才能や個性をのびのびと育てたい」

観音／聖母マリア

アシュタール

特に育てるということ、子どもの養育をサポートするのは観音や聖母マリアが強く持つ力です。忍耐強さ、知識、叡智、理解、愛、ゆるし、育むこと。こう

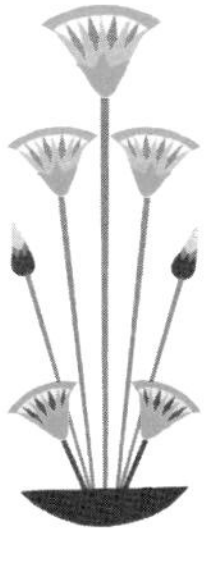

した質を持って教育・指導ができるように女神に祈ってください。美しい女神たちがあなたと、ともに歩いてくれます。観音や聖母マリアは、あなた自身を小さな子どものように抱きかかえ、愛の息を吹き込んでくれるでしょう。

こと葉

アシュタールから女神さまの話を聞いているだけで、なんだか優しい気持ちになってきました。

アシュタール

観音や聖母マリアは、子どもたちに健康をもたらしたいと思っています。世界の子どもたちは、愛情深く養育されることが重要です。彼らは未来です。彼らに耳を傾けて、彼らを女神の力をもって育ててください。すると世界は平和になります。

子どもたちが考えることを、すぐにダメだと否定したり禁止したりしないで、ゆるすようにしてください。彼らが

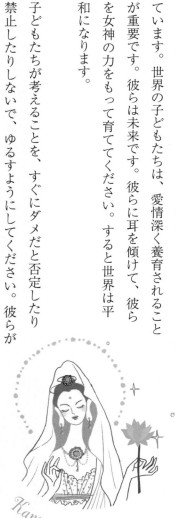

建設的に考えるように促すんです。子どもたちを見ていると、**小さくても自分が誰なのかを知っている**ことがわかります。導いたり指示したりしないで遊ばせておくと、子どもの中に宇宙のスパークを見出すことができます。子どもは本当に強力な存在と無意識のうちにコンタクトしているんです。

テリーが4歳、彼女の弟が3歳くらいのときの話をしましょう。テリーはガレージにあった黒板にチョークであれこれ書き込み、弟になにかを教えていました。やがてテリーは成人して教師になりました。ティーチャーとして地球にやってくるのが契約であり、同意だったんです。弟とゲームをするときは、いつも勝ちを譲っていたりと、小さな頃から強い慈悲の心があったんです。一方で彼女の弟は、よく買い物ごっこをしたがりました。そして、必ずといっていいほど店員役をしていました。やがて彼は店を持つ職人になりました。テリーの弟は3歳のときにすでに役割を知っていたんです。

こと葉

人は幼い頃から、自分の役割をわかっているものなんですね。

アシュタール

こと葉さんも同じだったはずです。周りの全体的な健全さや平和をつくっていこうという子ども時代の姿が見えます。それで現在のカウンセラーの世界へ導かれたんですね。あなたは、少し違う選択をしていたなら医師になる可能性もありました。人をケアする質が備わっているからです。また、文字を習う前から、グルグルした象形文字を書いたりしていましたよね？

こと葉

今のお話を聞きながら、いろいろと思い出してしまいました。家族や友人の健全な平和にはいつも関心がありましたし、小さな頃からとにかく書くことが好きでした。とりわけ漢字には、一つひとつ顔というか独特の表情があると感じていました。

アシュタール

そうなんです。子どものすることを、理由も考えずにすぐ止めてしまう大人は多いけれど、観音や聖母マリアの力に抱かれながら、自由に遊ばせて、よく観察するようにしてみてください。今回は子育て中心にお話ししましたが、例えば、自分の部下だったり、後輩だったり、生徒だったり、自分が指導するような立場になったときに生かしてほしい女神力ですね。

おねがい★女神さま

「理想の親になりたい」

瀬織津姫《セオリツヒメ》

こと葉

最近、軽いものから重いもの、また年代に関係なく、発達障害に関するフレーズを目にすることが多くなりました。発達障害児が増えているという記事も見かけたりするなど、関心を持っている親御さんが多くいらっしゃる印象があります。アシュタールなら、なんと言ってくれるだろうかと、アドバイスがほし

い方もきっと多いと思います。

アシュタール

確かに、そのような相談は多いです。しかし、これは国が対応する必要のあることなんです。実際に増えているわけですから。そんな中で、私が悩んでいる親御さんたちに伝えたいことは、発達障害の子どもを持ったことで自分を責めるのはやめてください、ということです。

こと葉

親とは、子のことは自分のせいだという思いに苛《さいな》まれるものですよね。

アシュタール

そうですね。どうしても前向きになれないとき、みなさんをサポートしてくれる女神力の源は瀬織津姫にありますから、彼女に祈ってその力を取り入れましょう。
その上で、親もまた適切な精神的なケアを受けられるように、より家族的なカウンセラーやセラピストをもっと活

用しましょう。

そうすることで、自身の子どもに対して深い理解を得ることができるし、子どもも、よりよいチャンスを得ることができます。問題が起こったときに、なぜそうしたことが起こるのかを理解するために、セラピストに助けを求めるのは悪いことではありません。精神科や心療内科を受診するのにも後ろめたい感覚を持つことなく、しっかりしたサポートを受けるようにしましょう。瀬織津姫は親として一歩踏み出す力を与えてくれるはずです。

また、子どものためにきちんとした教育システムの助けを借りることが大切です。私とテリーが知るものに「モンテッソーリ教育」というものがあります。これはとてもいい教育システムだと思います。ただ、ほとんどの子どもには適していけれども、感情的な困難を持つ子には難しい場合があります。ですから、どうしても自分の子どもにフィットしないと感じたときには無理をせず、週に1~2度先生が来るようなホームスクーリングを選択するという道もいいでしょう。

親は我が子を普通の学級に入れたがりますが、日本の一般学級はまだそうしたケアが整っているような環境ではありません。一般の学級ですら、子どもたちが追い詰められて、自殺に追い込まれるような、とても悲しい事件も起こっているんですから……。精神、肉体、情緒のすべての問題に対応できるプロが学校に常にいるような、そして、子どもたちがいつでもそのプロの助けを得られるような時代と環境が近いうちにやってくることを心から願います。

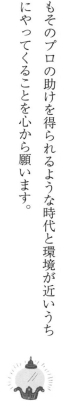

Kotoha's Starseed Memo

「過去世で〇〇星にいた」と言われたんですが……。

アシュタールのセッションを受けた方やスクールの生徒さんたちの中には、「過去世でどこかの星にいたと言われたんですが、一体どうしたら……？」とやや戸惑い気味に相談にいらっしゃる方もいます（笑）。確かに初めてそんなことを言われたらびっくりしてしまうかもしれませんね。アシュタールによると、地球は学びの実践場なのだとか。直前にいた星での経験や叡智を生かして実践するのが、地球での過ごし方になるんだそうです。例えば、プレアデス星にいたならヒーリングやアートの方面の才能を生かす、アルクトゥルス星なら教育やカウンセリングなどの方面で活躍する、ということになります。ですから、アシュタールが過去世について話してくれたなら、過去の学びを思い出して実践しなさい＆あなたにはその才能があります、ということ！　ちなみに私も、前世はプレアデス星でヒーリングの教師のようなことをしていたそうです。今の仕事も、前世の経験によるものなのだと思っています。

Part 4

おねがい☆女神さま
～後編～

運命のパートナーとの
出会いと別れに効く
女神たちからの処方箋

いつの時代もお悩み人気ナンバーワン!?
誰もが抱えているテーマは「出会いと別れ」

こと葉

パート3とパート4は、いろいろな悩み別にどんな女神さまの力を使ったらいいのか、というお話になっていますが、章を分けた理由は、「出会いと別れ」というテーマについて、たくさんの人が悩みを抱えていると感じたからなんです。私たち主催のワークショップなどで「運命の人と出会いたい！」といった質問は、性別や年齢を問わず、とても多いんですよ。人とのつながりを求める想いが強くなっている傾向というのも、水瓶座の時代の表れなのかな、などと思ったりしまして。

アシュタール

こと葉さんは、いいところに気付きましたね。セッションでは、みなさん必ずと言っていいほど「自分の運命の相手はどこにいるんでしょうか？」と私に尋

ねられます。そんなときは、大抵こう言うんです。「心配しなくても、その人は現れます。あなたが外に出ていって、探求して、楽しんでいればやってくるんです。人について学びなさい。人生を学びなさい。自分がすばらしい状態であればいいんです。パワフルでいなさい。強くありなさい」と。そうしていれば、お互いに出会うことができるようになるでしょう。それが、ソウルメイトだろうと、ツインフレイムであろうと、ディバインコンプリメントであろうとです。

こと葉

その前に、よくわからないのが、今言われた横文字のそれです！　ソウルメイトとかツインフレイムとかディバインコンプリメントとか……。それらはみんな運命のパートナーのことなんですか？　1つずつわかりやすく、教えてアシュタール！

アシュタール

こと葉さんのためなら、もちろんです（笑）。順番に説明していきましょう。

ソウルメイトとは？

ソウル（魂）のレベルで、過去世で出会っている人たちのことです。かつては結婚していたかもしれません。また一緒に出てこよう、生まれてこよう、そして、永遠に私たちは愛し合うんだ、という誓いを立てた関係です。それは地球のレベル、魂のレベルでされている誓いです。

みなさんにはスピリットとソウルがあります。スピリットというのは、この宇宙とつながっていますが、ソウルのほうはこの地とつながっています。スピリットとソウルが、ハートチャクラや太陽神経叢のチャクラのあたりでひとつになります。よりハートのほうに近いんですけれども。このハートで起こる地球とのつながり。

ソウルメイトというのは、結婚相手かもしれないし、自分の子どもかもしれません。家族だったり、祖父母と孫だったり、親子だったり、叔父叔母と甥姪《おいめい》だったりするんです。言葉ではうまく説明できないようなつながりを感じられる相手です。すごく縁や絆を感じる場合もそうです。それがソウルメイトです。ですから、ソウルメイトというのは、１人ではありません。たくさんいたりもするわけです。

ツインフレイムとは？

ソウルメイトが、ソウルレベル、つまり地球レベル、魂のレベルの関係性だとしたら、ツインフレイムは、スピリットレベル、スピリチュアルなレベルの関係性になります。

ここで、みなさんが創造されたときの話をしましょう。宇宙で光がスパークするんです。その小さなスパークがみなさんのスピリットになります。それが一人ひとりのハートに降りてくる。皆さんの胸のハートの中には、そのスパークが宿っているんです。それは宇宙の一部で、それがあなたを創造しました。

次に、女性性と男性性のレッスンというものがあります。それは2元性（デュアリティ）のレッスンでもあります。小さなスパークは、キャンドルの炎みたいなものです。キャンドルがあって、上にフレイム（炎）が点いています。その小さなスパークが2つに割れるんです。すると2つのキャンドルと2つのフレイムになる。そこでみなさんは、2元性について学びたいと思うようになるわけです。

それが男性と女性になります。この地上の同じ時期に、とても似通った状況の中に生きていて、たくさんの慣れ親しんだ物をお互いに持っています。そして、一方は女性性について学び、一方が男性性について学ぶ。それがツインフレイムです。ツインフレイムは、そのうち磁石のように引き寄せられて、1つのキャンドルと1つの炎になるんです。そして、すべてになる。そこで2元性を学びます。

ツインフレイムに出会って話し始めると、すぐにわかります。若干の違いはあるものの、これまでの人生の中で、同じストーリーをどこかの過程でそれぞれが持っているわけです。例えば、自分が3歳のときに経験したことと同じことが相手が3歳のときにも起こっていて、16歳のときにもそうだった、とか。まったく同じことが同じ時系列で起きているんです。それは、まるで本当に奇跡のように似ているときもあります。お互いを見て、あるとき写真を撮ってみると顔まで似ていることもあります。それは他人も気づきます。双子のように似ていることも本当によくあるんです。

というわけで、ツインフレイムとは、1つのスピリット、それが2つに分かれて男性と女性になる。それぞれ別の人生を生きていきますが、また出会って1つになるというような関係性になります。ツインフレイムとしての人生というのはとてもステキなものです。ともに人生を生きていくことができるからです。

ディバインコンプリメントとは?

私の理解では、ディバインコンプリメントがみなさんの言う運命の相手に近いのかもしれません。宇宙が、ある2人を地球に送り出すんです。あなたにとってのベストな相手はこの人であると。宇宙の見方では、その2人がパーフェクトだということになります。

ディバインコンプリメントは、お互い協働し、ともに創造し、ともに成長していくという関係性です。ともに神聖なパーフェクトな人生をつくりあげていく、ともに上昇していくという感じです。1人が倒れれば、もう1人が起き上がらせてくれる。無理に引っ張るとかそういう関係ではなくて、助けて立ち上がらせてくれる。ですから、お互いにサポートし合う。パーフェクトな調和をもって、ともに人生を創造して、高め合っていくことになります。

ソウルメイトとは違って、相手は通常1人だけです。パートナーが亡くなってしまったりした場合は、宇宙が新たなもう1人を送り出すことがあります。それもディバインコンプリメントと言えます。でも、一般的には1人です。それは異性とは限りません。同性かもしれません。パートナーシップによっては同性がいい、という人もいますからね。

みなさんがディバインコンプリメントに会ったときは、すぐわかるでしょう。なにか電気的な衝撃が起こるような感覚があるはずです。稀に気付かないケースもあるのですが、それはどちらかが自分の葛藤のドラマの中にすっかり没頭してしまっているときです。

でも女神や私たちは、本当にベストを尽くして、その2人を一緒にしようとするので、また後で再会したりすることになります。そうして、ある日、気が付くんです。彼、もしくは彼女がディバインコンプリメントの相手だということに。

ディバインコンプリメントは、宇宙があなたのために選んだ相手。2つのスピリットが地球にやってきて、そして、ミッション(目的)があり、その過程でお互いをサポートしあって、成長していくという関係です。その目的はサポート、成長なんです。つらかったり、苦しかったりする道程ではなく、2人で歩むことで、楽にスムーズに成長していくんです。

テリーの話になりますが、彼女が2番目の夫に出会ったとき、彼には十分な人生の体験があり、十分にスピリチュアルな知識がありました。ただ、テリーのほうには、そんな知識はなかったんです。そんな中、彼がなにをしたのかというと、テリーに少しずつ精神世界について語り始めたんです。そして、やがてはテリーのほうが彼を導いて、新しい精神性へと連れていったんです。

まず、彼はとても穏やかな方法で、テリーを成長させてくれました。先生のように。共存しながら、テリーの今の仕事の元になった部分を一緒につくっていったんです。そして、次に、テリーは彼を助けることになります。彼は女性を信頼しないという人だったので、テリーがそういう部分を癒していきました。それによって彼は女性を、自分のハートを信頼できるように、また愛を信頼できるようになったんです。

共生しながら、美しい人生をつくっていったんです。それが補い合う、コンプリメントということです。

アシュタール

いかがでしたか。まとめると、ソウルメイトはなにをしているにしても絆がある、つながっている関係性。瞬時にベストフレンドのような感じがするでしょう。ツインフレイムは、やがては1つになる関係性です。2人の人生が本当にあらゆるところで関連してきます。ディバインコンプリメントは、お互いに助け合いながら上昇していくという関係性。協働しながら、人生の美しい波に乗っていく感じ。とても気持ちがいい関係です。

こと葉

よくわかりました！　強い結び付きがある関係性は、大きく3種類あることになるんですね。

アシュタール

あと、「ツインフレイム」と「ツインレイ」はときどき間違われることがありますので、注意が必要です。とても似ている響きですが、まったくの別物だということをお伝えしておきます。ツインレイは同じレイにいるという関係性。スピリチュアル的な、感情的なつながりもありますが、分かれてしまったものが

1つになるという意味のツインではなく、同じパターンの中にあるということを表しています。単に同じ光線の中、同じレイの中にいる者同士ということであり、運命の相手という意味ではありません。気を付けてくださいね。

なるほど。確かに間違えそうです。注意したいと思います。

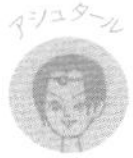

この後のお悩みについては、ソウルメイト、ツインフレイム、ディバインコンプリメントという表現はあえてせずに、パートナーと表現しています。それは、対象の方がどれに該当するかが、この場ではわからないからです。ただ、どの存在とも出会うことはできるでしょう。

出会ったときビリリとしたかどうか、ある程度、最初の直感を信じることは、出会いに気付くためにも大切かもしれませんね。

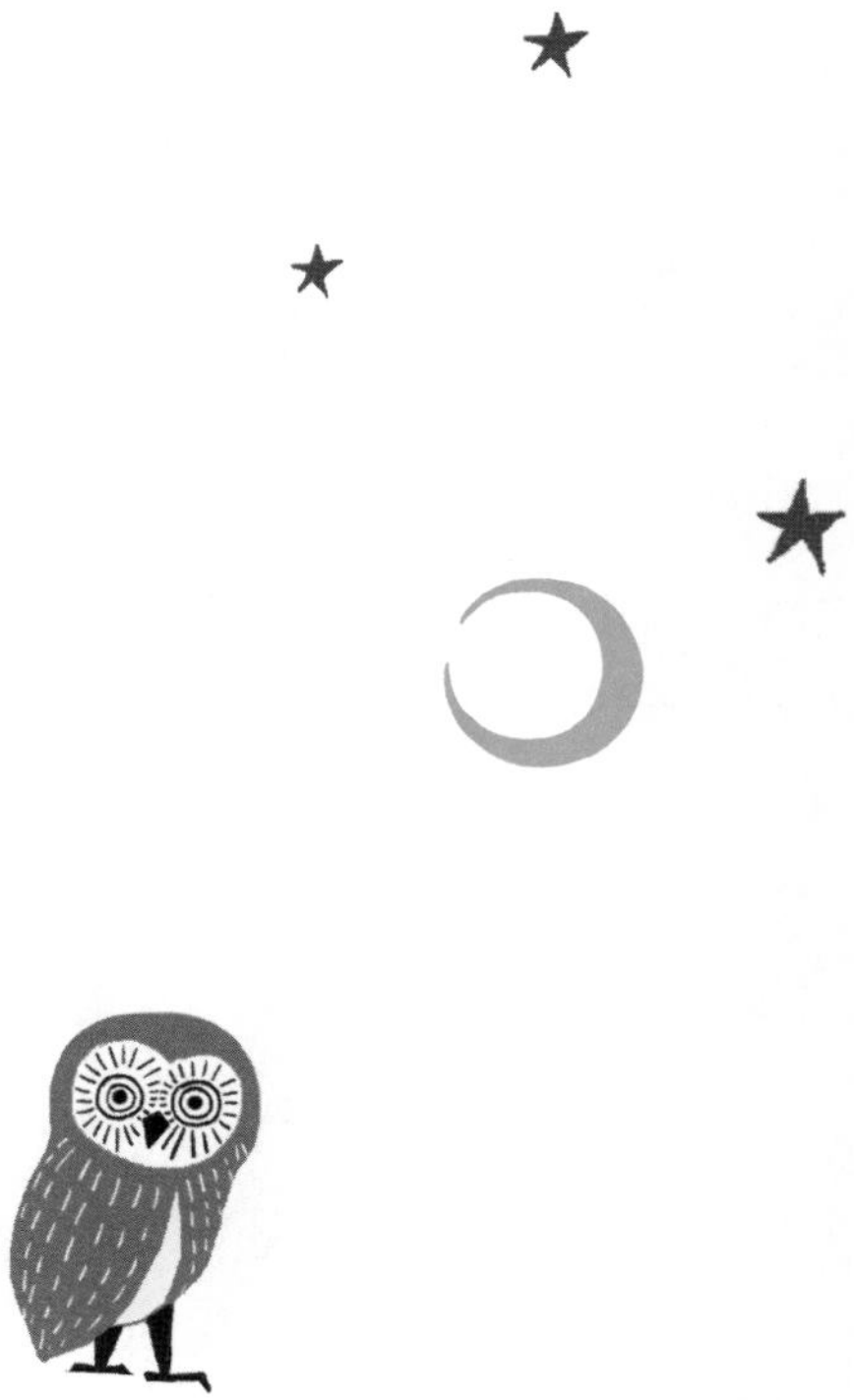

Ashtar's Voice

アシュタール直伝!

こんなときは、この女神力を使ってみよう!

後編

運命のパートナーとの出会いや別れについて
お悩みのみなさんへ。
問題をパワフルに解決してくれる女神たちの力を
アシュタールに語ってもらいました。

★★★★★

おねがい★女神さま

「運命のパートナーを引き寄せたい」

レディマスターナダ

こと葉

先ほどのお話に出てきたような「運命の人と出会いたい」「回り道することなしに出会いをゲットしたい」という声は本当に多いんですが、お互いが出会うというのは、今の時代、なかなか難しいことなんでしょうか。

アシュタール

様々な条件が絡み合うこともあるので、確かに絶対とは言えませんけれども、ほとんどの場合は、少なくとも出会うことはできるでしょう。

こと葉

女神力を使って、そうしたパートナーとの出会いを引き寄せることはできたりしますか？

それなら、レディマスターナダとピンクレイのサポートを得るのがいいかもしれません。彼女は、運命のパートナー同士をつなげる役も担っているんです。そういえば、こと葉さんはレディマスターナダと同じピンクレイの持ち主でしたね。

そうなんです。そのことを教えてもらって以来、レディマスターナダのことを、とても身近に感じています。

レディマスターナダはとても喜んでいますよ。彼女の力を生かして愛の道を昇ることで、自分への愛や世界への愛を高めていくことができるので、運命のパートナーの存在にも気付きやすくなるでしょう。

ただ、パートナーとの出会いを引き寄せることはできますが、その場限りになってしまうか、よい関係性を築いていけるのかは、みなさん次第です。がんばってください！

おねがい★女神さま

「魅力をアップさせて出会いだけで終わらせない」

アフロディーテ

出会いを発展させたいならアフロディーテの力がみなさんを支えてくれるでしょう。美しく女性的で魅惑的なアフロディーテの姿や名前を思い出し、「私は、パーフェクトなパートナーと、今ここにいる」と唱えてみてください。そのことを疑わなければ、再び２人一緒のときを過ごすことができるはずです。

女神や私たちはドアを開けます。そのときにみなさんには選択肢があります。前進するか、後退するかです。リスクは考えずチャンスをつかんでみてください。大事なことなので、ちょっと説明しますね。みなさんの多くがトライしない、その１つの理由は恐れです。もし相手があなたの誘いに乗ってくれなかったとしても、「自分は美人じゃないから」「自分はイケメンではないから」など

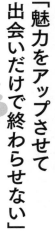

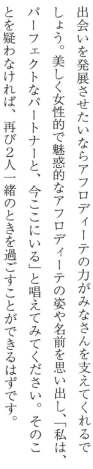

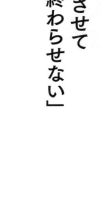

という理由ではないんです。ただ単に、今その準備が整っていないと。今は仕事に行かなければ、電車に乗らなければ。そういうことなんです。

こと葉

とても惹《ひ》かれるところがあった人物と出会いはしたけれども、その一方で「うーん、どうかな?」「彼・彼女の髪は○○すぎる」「歩き方が変」「自分の親は彼・彼女を絶対受け入れてくれないだろう」「あの人と一緒に生きていけるかなあ」「自分が求めている人とは姿が違う」と思って、なにもしないで終わらせてしまう気持ちも個人的にはよくわかります。

アシュタール

でも、聞いてみなければわからないものです。あなたの気に入るヘアスタイルではない人は、もしかしたらガンの治療をしたばかりかもしれません。特徴的な歩き方をする人は膝の手術をしたばかりかもしれないんです。変わった服装をしている人は、土砂崩れで持っているものをすべて失ってしまって、今それしか着るものがないかもしれないのです。

こと葉

その人になにが起きて、どういう体験をして今に至っているかというのは、他人には本当になにもわからないものですからね。少しでも次につなげたいと思ったら、どうしたらいいんでしょう?

アシュタール

もし誰かと会ってハッとする感じがしたら、そのままにしないで、とにかくアプローチしてください。女性だったらハンカチはお役立ちアイテムです。昔からある手法ではありますが、ちょっといい香りがするものをつけて持っているんです。もし気になる男性がいたら、彼のそばを歩くときにさり気なく落としてみる。

こと葉

ちょ、ちょっと待ってください。それは11次元の婚活テクニックなんですか?超地球的な感じがするんですが!!

アシュタール

お伝えしたいのは、きっかけはなんでもいいということです(笑)。彼はハンカチに気付きます。そして、２人が同時にそれを拾うんです。お互いを見ることができます。**瞳というのは魂へのドアの入り口**なんですよ。そこにはどれほどのパワーがあると思いますか？　男性の場合なら、もしステキな女性がいたらなにか言ってください。「こんにちは」と挨拶するだけでもいいんです。まったく接点のなかった２人が、それだけで目を合わせるという機会を得ることができるようになるんです。

確かに……。どちらかといえば現代人は、他人に対しては目を合わせないで生きていることのほうが多いかもしれません。

水瓶座の時代ということももちろんありますが、本来、人々はお互いに心から出会いたい、そして、コミュニケーションをとりたいと思っているんです。でも、それをどのようにして実行するか、ということは教えられてはきませんでした。みんなそうです。肉体を持つ人にはボディランゲージというものがあるんですから、ぜひ使ってください。特に女性は美しい目を持っているんですか

ら、目を使ってください。どんな些細《ささい》なことでも目が合ったなら私なら嬉しいです。

男性があなたを見たら、彼の目をとらえて見てください。5つ数えたら、すみませんと言って視線を外して、そして、彼がまた見たら同じようにしてください。ちゃんと目でしっかり見る。そして、お辞儀をします。そうした行動は、彼になにを伝えるかというと、「あなたは私に話しかけていいんですよ」というサインを送ったことになるんです。私のドアはあなたに対して開いていますよ、ということを示しているんです。もし彼がそれに怖《お》じ気づいているようでしたら、その人はもうボツです。恐らく、あなたのパートナーではありません。でも、きっと話しかけてくれますよ！

こと葉

なるほど。古典的テクニックであることは確かですが、ハッとしたときは、とにかく行動してみたほうがいいということですか。相手がソウルメイトなのか、ツインフレイムなのか、さてはディバインコンプリメントであるかは、その後

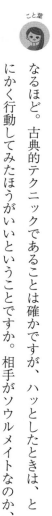

でもいい話ですもんね。

誰か興味を持てるような人がいたら、そこで終わらせず、その人の注意を引いてみてください。アフロディーテの女神力があれば簡単にできるはずです。これはあなたに自信を与える彼女のテクニックです。ハンカチなり、なにかを落とす、テーブルに電話を忘れるなど。気付いた人は見ます。そうしたら、また5つ数えます。それが目を合わせて会話をするきっかけになるわけです。もっと相手のことを知りたくなったのなら、積極的にコミュニケーションをとるようにしましょう。みなさんは、これまで学校でこんなことは教えられてこなかったと思いますが、社交的になりなさい、ということですね。

おねがい★女神さま

「よいパートナーシップを築くには？」

ヴィーナス

アシュタール

ハンカチのような、なにかのきっかけを得て、よいパートナーと出会い、その後もうまくいきつつあるなら、今度はその絆の結び付きを強めていこうという流れになるでしょう。美しく祝福された神聖な関係性、よいパートナーシップを築くためには、誠実さと自分を愛することが大切になってきます。

こと葉

誠実さというと、相手に嘘をつかないとか、そういうことですか？

アシュタール

そういったことももちろんですが、相手に対してだけでなく、自分自身に対して誠実であることも含まれます。なぜなら、自分に誠実だと、自分がどういう人間か、ということを正確に客観的に認識できるようになるか

らです。それが定義できたと感じたら、出会った相手が自分と似たような質を好むのかどうかを知るようにするといいでしょう。自分と似たような夢や願望を持っているか、なにに対して楽しいと感じるか、などといったふうにです。

相手と自分の価値観が近いかどうか、ということになるのでしょうか。となると、ちょっと極端ですが、相手が自分とはまるで違う世界で生きてきた玉の輿《こし》や高嶺の花のような相手だった場合は、よいパートナーシップを築くことができない……ということになってしまうんですか？

すべてとは言いませんが、大抵の場合は難しいです！　特にどうしても自分の中で譲れない事柄については、やはり**イコールの感覚を持っている**ということが、神聖なパートナーシップを築く上では重要です。

相手に対して、自分の状態を改善したり、問題を解決したり、欲求を満たしてほしいと思っている人は多いものです。例えば、お金が足りない、もっとおいしい物が食べたい、病気を治したい、旅行がしたい、高級邸宅に住みたい、など。そして、そういうものを自分に与えてくれるような相手を求めてしまいます。でも、自分にないものをパートナーに補完してもらおうという目的で得られた関係性は、最終的にはお互いの心を引き裂くような形になってしまいます。それは一方が、いろいろな面で抑圧されていき、虐待にさえつながっていくことがあるからです。ですから、誰かが自分のことを引っ張り上げてくれるのではないかという望みを抱いている、そういう人は注意してください。そういう関係性は神聖さとは程遠く、ストレスをもたらすなどして、病や死などを運んでくる本当に不要なものです。

イコールではないパートナーシップはよいことどころか、様々なよくないことを引き寄せる原因にもなってしまうんですか。怖いです。

もっとわかりやすそうな例をあげてみましょう。いろいろなモノを集めてしまうAさんという人がいます。Aさんの家の中は、自分が収集した物の上に乗ら

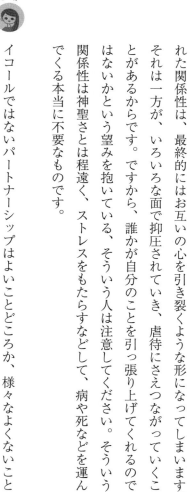

ないと歩けないとか、天井からも様々なモノがぶら下がっていたりとか。とにかくモノが家の中にいっぱいあるんです。そして、それを見て「自分は豊かだ」「すべてを自分は持っている」と思うんです。でも、他の人がそれを見たら、「ゴミだらけの家じゃないか……」「こんなのは豊かさじゃない。これは病気だ」などと思うわけです。

逆に、こういう人だっています。Bさんの家のテーブルの上にはなにもありません。カウチにはクッションすらもない。あちこちピカピカじゃないと気が済まない。そして、Bさんはそれが正しいことだと思っているんです。なぜなら、すべてがきちんと整っているから。でも、やはり他の人がそれを見たら、「生活感がまるで感じられない。度を過ぎた潔癖症かもしれない……」「こんなのはパーフェクトじゃない。これは病気だ」などと思うわけです。

さて、もしAさんとBさんがパートナーになったら、その絆を深めて神聖なものにしていくことができると思いますか？　お互いにとってそれぞれの環境が妥協できない事柄なのだとしたら、Aさんは最低限のモノだけで整えられた部屋では安心した日々を送れないかもしれません。Bさんは雑然とした部屋ではイライラしてノイローゼになってしまうかもしれません。お互いがそれぞれの質を認めたり、スタイルを合わせる強い意志があれば話は違ってくるかもしれませんが、大体はとてもつらい結末を迎えてしまうことになるでしょう。

こと葉

これは部屋が汚いから悪い、きれいだからよい、という話ではないんですね。それぞれにとって、どんな環境が心地よく安心できる空間なのか、そして、そのことをどのくらい重要視しているか、ということですか？

アシュタール

そうです。ほどほどにきれいで、ほどほどに散らかっているという中間くらいが好きなCさんだっているかもしれないですからね（笑）。

こと葉

ふむふむ。そうすると、今の話と誠実さや自分を愛することというのは、どうつながってくるんでしょうか？

アシュタール

先ほどこと葉さんが言っていたように、どちらがいい悪いということではありません。部屋が雑然としているAさんはそのことと誠実に向き合って、そんな自分を好きになっていいんです、ということです。BさんもCさんも同様です。

自分に誠実になると、理想や憧れの自分ではなく、いろいろな短所を持った等身大の自分が見えてきます。そんな自分自身を愛しなさい、ということです。

こと葉

誠実になることでありのままの自分を知って、短所を含めて愛することがポイントですか。これは簡単なようで、なかなか難しいように思います。特に日本人は、自分を愛するということが苦手な人が多いような気がします。

アシュタール

そうかもしれませんね。そんなとき頼りになるのがヴィーナスの女神力です。彼女の力を使って、その慈愛と愛の強さを自分に注ぎ込むことは、神聖なパートナーシップを築くのに大いに役立ちます。彼女の姿や名前を思い描いて、彼女のように周囲を気にせず、自分に誇りを持ち、自分を尊重して、自分を愛してください。その知性、美しさを主張してください。鏡を見て、自分が世界で一番大切だと言うのもいいことです。思ったら思った分だけ、そうなります。

まず自分を知る。そして、自分を愛する。そうした上でさらに宇宙に助けを求めると、宇宙はアシストするんです。パートナーがいないなら、まったくの新しい出会いはもちろんですが、すでにパートナーがいる場合は一段深いパートナーシップに変化することもありますし、今よりもぴったりのパートナーが新たに現れたりすることもあります。そうして得た存在との絆は一時的なものではありません。先に進んでいってしまうわけでもない、後から追いかけてくるわけでもない。立場が強かったり、弱かったりもしません。対等な相手です。

宇宙というのは、協働、ともに創造していくということを求めます。

ですから、ありのままの自分を愛して、子どもに対するようにケアをしてください。自分を気にかけて、必要なものが手にできているか確認してください。勘違いされることもありますが、自分を好きになるということは、傲慢になったり、他を出し抜いてそれよりよくなろうとすることではありません。**自分に恋をするんです。自分とロマンスを持つことなんです。**そうすることができて初めて、すばらしい相手との美しいパートナーシップを深めていくことができるでしょう。

こと葉

自分とロマンス！　ヴィーナスの女神力をもってすれば、本当に自分自身と恋に落ちそうです。ぴったりのパワーですね。

アシュタールの知恵袋 ③

ベストパートナー選びを間違えないための2つのリストづくり

パートナーシップを継続させ、よいものにするためには、自分にとってなにが大事なのか知る必要があります。それには、2つのリストをつくるといいでしょう。

まずは時間をかけて、あなた自身の性質・特徴の中でよいと思われるものについて書き連ねた「グッドリスト」をつくります。スマートフォンにメモしてもいいですが、できれば紙がいいです。例えば、しっかり者、働き者、親切、動物に優しい、食べることが好き、音楽が好き、夕暮れが好き、などなど。自分の人生ではこういうことが大切だというリストをつくりましょう。次に、あなたが絶対に対応できないと思われる事柄を書き出します。「バッドリスト」です。「これは無理だ」「耐えられない、我慢できない」という質や、それを持つ人の特徴を書き出します。

そうしたら、「グッドリスト」を眺めて自分のよい質の方にフォーカスして、ヴィーナスに祈ります。「グッドリスト」と同じ質を持ったパートナーが自分の人生にもたらされるようにと祈ります。こうしたパートナーを持つことができる、そして、自分も相手にとっていいパートナーになれるのだということを知ってください。「グッドリスト」にフォーカスすると、似たような人が引き寄せられてくるようになります。

そして、気になる人が見つかったら、今度は「バッドリスト」を見てみましょう。そこに書いたあなたが耐えられない質が、その人にあるかどうかを見てみるんです。もし該当する点があったら、そのレッスンはなかったことにしましょう。選ぶ必要はありません。

もし、タバコを吸う人がどうしても嫌ならスモーカーとは結婚しないでください。相手が、そのうち禁煙するつもりだと言っていても、その時点でタバコを吸っていたなら、もう次にいきましょう。いささかドライかもしれませんが、今どうなのか、で判断しなければいけません。嫌な質が1つでもあったら次に行きます。「ネクスト」です。嫌な質を持たない人が別に存在しているからです。

覚えておいてください。あなたが言うこと、考えること、行動すること、それはよいことも悪いこともすべて、アファメーションになります。

おねがい★女神さま

「パートナーや家族間の役割分担について」

アフロディーテ／イシス／アテナ

こと葉

現代は、男性だけでなく女性も一生懸命に仕事をしています。男性のパートナーが仕事を失ったり病気になったりするなど、なんらかの理由で働けなくなったとき、2人の関係が難しくなるという相談もよく聞きます。これは男女に関する女性視点からの質問になるんですが、いい解決方法はありますか？

イシュタール

2人分の収入がなければ、ほしいものが手に入らない、今の生活を維持できないなどといった理由から、共働きをしているカップルもたくさんいますね。関係性が壊れる原因としては、役割の均等性が崩れて、どちらかの負担が重いものになってしまっているということも多いのではないかと思います。

こと葉

矢尾家は同じ仕事を一緒にしているんですが、これも共働きですよね。仕事が立て込んでくると、ときどき分担についてはデリケートな話になります（笑）。

アシュタール

2人とも安定している状態ですら、仕事配分という話題については多少神経質になるということですね。なにかしらの理由で、ここでは女性視点ということなので男性が働けなくなってしまったら、それは当然、2人の間、家族の間に、とてもアンバランスな状態を引き起こすことになります。

食事をつくらなければならない、赤ちゃんが泣きやまない、掃除・洗濯をしなければならない、そのうち家賃や光熱費が払えなくなりそう……など、女性が1人であれこれこなさなくてはいけないという状況になると、いろいろなことが追い付かないし、焦燥感にも襲われて大変です。そうなると、なにもかも投げ出してしまいたくなるかもしれません。

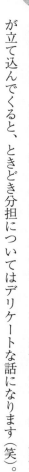

こと葉

そうした場合は、あれこれ悩んで潰れてしまう前に、**伝統的な役割を思い切って逆にする相談をする**ことです。そして、アフロディーテやイシスの助けを借りて、内なる男性性を高めてください。彼女たちのような完璧な男性性と女性性のバランスを得られることでしょう。子どもの世話や家事はパートナーを信じて夫に一任し、女性が家にお金を持ってくることに専念する、そうしたサポートをしてくれます。

テリーのいるアメリカでは、そういう女性をミスターマムと呼ぶんですよ。ある法律ができたことで白人男性は職を得にくくなりました。ですから、女性が外に出て働きます。そして、ホームケアをするのが男性になる。**古い男女の役割の価値観にとらわれないでください。２人や家族の中でバランスがとれていればいいんです。**

家事などを夫に任せて、女性が夫よりお金を稼ぐことに罪悪感を抱く必要はないんですね。伝統的な男女の役割にとらわれないで、各々の家族の中でバラン

スをとれるように協力して変化するのがベターということですか。気持ちが楽になれた気がします。

同じケースでも、なにか問題があって、それに対して女性主導で立ち向かわなければならないときや家庭の中に葛藤があるときは、パワーを与えてくれるアテナの力がいいですね。パートナーや家族間の問題に対して、男神ゼウスの稲妻のような力でガツンと向かってしまったら、絆は破壊されてしまいます。でも、だからといって、ヴィーナスの力ではこうしたケースではうまくいきません。ヴィーナスの場合は愛です。彼女の力は本当に女性的であたたかくてソフトでロマンティックで優しくて魅惑的です。でも、ここではパワーも必要なんです。

アテナの女神力には、問題の根幹まで正して修正しようというような、男性的な質を多く持っているという特徴があります。彼女はパワフルで戦争に行くことだっ

て恐れません。ソリッドで、まるで戦士のようです。そして、同時に、優しくて育む質を持ち、慈悲にあふれた女神なんです。

慈悲の背景にはパワーがないといけません。

こと葉

ひと口に女神さまの慈悲といっても、どの女神さまかで質も異なってくるんですね。

アシュタール

そうそう、テリーはアテナのエネルギーが強めですから、あまり怒らせないほうがいいでしょう。それはまだ人生で2度しか起こっていないですけれど、それでジ・エンドになってしまいます。それがアテナの力なんです。

こと葉

テリーさんの怒った姿は怖そうです（笑）！　こういった女神の力は、シングルマザーの助けなどにもなってくれそうですね。

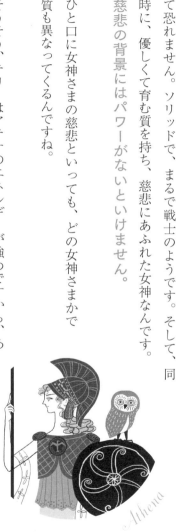

アシュタールの知恵袋 4

定期的にバジェットミーティングを行おう！

神聖なパートナーシップを築けなくなる原因の1つに「お金」があります。

相手がこれだけのものをほしがっていて、自分はそれを提供しなければいけない。でも、そんな収入はない。どうしたらいいんだろう。そうしたとき、相手（特に男性の場合）はコミュニケーションをとろうとしなくなります。家に帰ってこなくなります。経済的な期待がマッチしないとき、パートナーの絆は崩壊してしまうんです。

ですから、お互いに正直であろうとしてください。長く続く関係性というのは、経済的な側面においては、自分の境界線を知っていることです。そして、その境界線とは正直なものでなければいけません。甘い時期だけではなくて、どんなときでも、ちゃんと一緒に静かに座って、自分たちは協働していくパートナーなのだということを話すようにしましょう。パートナーはベストフレンドのように話し合える間柄でもあるのですから。

私がカップルにおすすめするのは、状況によりますけれども、少なくとも半年に1回、自分たちのバジェット(収入と支出)、つまり経済状態を一緒に眺めて話し合うことです。これだけの収入がある、これだけの支出がある、これだけ残っている。きちんと数字で現実を見て、2人でどのくらい働く必要があるのか、ということがわかれば、生活にも納得ができます。

自分は悪くないとか、無駄遣いをしているのは誰だとか、そういうことは言わないで、2人で穏やかに静かに解決策を創造するんです。修正はいくらでもできるんですから。本当にひどい状況になったときには大人になってください。経済的な豊かさを与える観音、クァンイン、アマテラスに祈ることも忘れないでくださいね。

おねがい★女神さま

「別れることはいけないこと？」

アテナ／イシス

ヘビーな質問ですが、離婚をはじめとして、パートナーとの関係を解消することは、宇宙的に見てOKなことなんでしょうか。タイミングによるのでしょうか。それとも修復に努めたほうがいいのでしょうか。

別れたり、離婚してもいいかどうか？　その問いに対する答えなら「YES」です。女神や私たちは、みなさんのことを学生として見ています。この地球は学校であり、レッスンを持ってここに生まれてくるわけです。

ですから、レッスンが終了したら先に進むわけです。数学で基礎問題が解けるようになったら、それを何度もは繰り返しません。応用編に進みますよね？

レッスンとして、その人とのリレーションシップというものが終わったと判断できたなら、そこから離れていいんです。

こと葉

別れというのは、なかなか決心がつかず、先延ばしにしてしまうこともあるようで……。レッスンが終わったかどうかを、どこで判断したらいいんでしょうか?

アシュタール

本当にすばらしいと思う人と出会い、パーフェクトだと信じて関係性を深めていきますが、歳をとるにつれて、うまくいかなくなり、突然もう無理だと思う場合もあるでしょう。それは多くの場合でレッスンが終わったということを意味します。

★

そう感じたら、状況を見ながら、まずは相手と対話するように努力します。

大声を出したり叫んだり、こうしなければよかったというようなことは言わ

★

ずにです。もうすでに今、関係性に苦しんでいるわけですから、それ以上の痛みはもたらさないようにして、ただシンプルにはっきりと今の気持ちを相手に伝えてください。例えば「もう無理」「もう出会った頃とは違う」などというふうに。でも静かに言うんです。

話す前に、アテナやイシスの力を借りるといいですね。感情的にならず、思いをはっきり述べる強さを持てると思います。自分にも責任があるけれど、今の状況は好きではないから離れたいのだと。

自分にもよくないところがあったと反省し、相手は責めないけれども、気持ちははっきり伝えるわけですね。

そして、謝るんです。うまくいかなくて本当にごめんなさい、と。「パートナーとして本当に深く愛しあっていたけれど、私たちは変わった」「愛していないとか、嫌いだということではないけれど、ただもうこの状態で一緒に生活はで

きない」と。

その後、家を出ます。もし安全であれば、きちんと自分の連絡先も知らせておきましょう。別れることの痛みを2人とも感じますが、それでも修羅場になる前に実行するほうがずっとマシです。みなさんの多くは、もう無理と言いながら、その場に留まってしまう。だから、次第に怒りが生まれ、話し合いも修復も不可能になってしまいます。そんなになるまで待って、**折角のパートナーシップを取り返しがつかなくなるまで悪化させる必要はありません。**

話し合いができるうちに距離をとる、もしくは別居することを提案してみましょう。しばらくの間、自分1人のスペースがほしい、自分自身を見つけたいのだと。同居しているなら、家を出て部屋を見つけて、お互いから少し離れるんです。

それによって、後の選択肢が2つ生まれます。相手のもとに戻るか、そのまま一層離れていくか。前者ならそれでよいですし、後者の場合でも、しばらく別々に暮らしていると、それほど苦しまなくても別れることができるようになります。人生の変化を穏やかに受け止めることができるんです。

こと葉

いきなり別れたり、離婚するのではなくて、少し離れる期間を設けるということですね。

アシュタール

もし子どもたちがいるならば、離婚は彼らにとって最悪な体験になる可能性があります。よくよく想像してみてください。両親のうちどちらかを選ばなければいけないなんて、ひどい話でしょう？　別れの原因になってしまったのではないかと、自分を責めてしまったりする子どももいます。精神状態にいい影響は決して及ぼしません。

ことは

ですから、もう協働が無理だと思ったら、まずは距離を置いたり、別居することを私は提案します。なにもしないで、我慢して留まっていると病気になってしまいますから。

ただ、パートナーシップの中に、肉体的な虐待、メンタル的な虐待、感情的な虐待がある場合は別です。そうしたときは、迷わずにすぐに家を出なさい。アテナやイシスに、決断して行動する強さを願うんです。振り返ったり、そこに戻ってはいけません。子どもがいたら一緒に連れていきましょう。どこに行こうとも構いません。人に対しても動物に対しても、誰ひとりとして他の生き物を虐待することはゆるされないことです。もし、自分ではなくても、周囲でそういう状況を見かけたら、助けてあげてください。

虐待が絡む場合は、すぐ離れたほうがいいんですね。これは重要な話ですから、覚えておきましょう。こんなふうに、いろいろなケースでつらい別れを経験した後、また新たな相手と最高のパートナーシップを築くことは可能なんでしょ

アシュタール

うか？

ある女性は高校を卒業したばかりで結婚して17年過ごしました。すばらしい仕事もしていました。でも、パートナーとの間にとても精神的な、感情的な虐待があり、別れたときには、もうすっかり壊れてしまっていました。

でも、その後、ステキな人との出会いがあったんです。それはディバインコンプリメントとの出会いでした。相手はとても優しいハートの持ち主で、すっかり壊れてしまったそのパートナーを見つけてくれました。そして、また愛の中に生きるということを示してくれたんです。それは、とても美しいラブストーリーなんです。

ですから、答えは「ＹＥＳ」です！　別れを乗り越えた後、ソウルメイトやツインフレイムを求めるならレディマスターナダ、愛情深くありたいならアテナや聖母マリアなど、力を得たい女神たちとコンタクトしてくださいね。

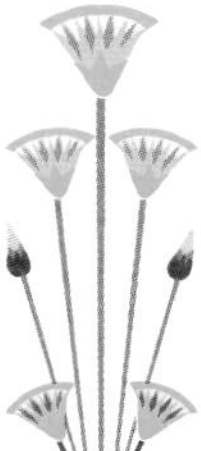

Kotoha's Starseed Memo

転生することでソウルメイトが増えていく!?

私たちの中にある根源とも言えるスピリットが、「いろいろな星で学びを終えてアセンデッドマスターになるまで転生は続く」と、アシュタールから聞いたことがあります。その転生の回数はなんと平均2000回(!)とのこと。それを聞いて、みなさんはどう思いましたか？　2000回も学びがあることを考えて気が遠くなってしまったでしょうか(笑)？　でも、大丈夫。アシュタールからはワクワクするような話も聞いています。それは新しいソウルメイトについてです。転生後には、まったく新しい光との出会いが待っていることも多いそうです。学びを経て輝きを増したスピリットはとても魅力的なもの。ピカピカしているエネルギーに出会い、磁石のように引き寄せられ、一緒に学び、成長していきたいとお互いが願うようになる。そうやって新しい魂の結び付きができていくんですね。だから、大切な人との別れを体験しても落ち込みすぎないでください。今生で築かれる絆によって、次に転生するときのソウルメイトを増やすことだってできるんですから。

なにかあったら
私たち女神のことを
思い出して
毎日の中で女神力を
役立ててくださいね
最後まで読んでいただき
ありがとうございました！
女神さまたちと
つながって
HAPPY LIFEを！
私も女神たちと
一緒にいつでも
みなさんを
見守っていますよ！
また
アシュタ《明日》ール〜！

おわりに

ここまでお読みくださってありがとうございます。

アシュタールの言葉、その愛の波動がきっとハートに伝わっていると思います。

どんなときもあたたかな愛と励ましを与えてくれるアシュタールに心から感謝しています。

この本は、私自身が知りたかったことを、アシュタールに根掘り葉掘り聞けるという奇跡のようなありがたいチャンスでした。こんな機会をいただけたのも、あらゆる形で応援してくださるみなさまのおかげです。

この本の制作にあたり、公開トークイベントを2度ほど行ったのですが、ここで私の人生を大きく変える、目からウロコの気づきがありました。イベントを通して、自分と夫はアシュタールの言う「ツインフレイム」だということがわかったのですが、「元は同じ存在だったものが、男性と女性に分かれて、地球を経験しようと2つに分かれた2人のこと」という話を聞いて、とても衝撃を受けました。

つまり夫は私だということ。夫に腹を立てるのは、自分に腹を立てているから。夫に対して気に入らない点は、私自身が気に入らない自身の欠点。夫に求めることは、自分が自分に求めていること……だったんだと。そして、それなら、自分が変わればいいんだ、ということに気付くことができました。しかもあなたたちは、ソウルメイトでディバインコンプリメントだよ、と。

そのことを知って、私が結婚以来抱えてきた夫に対する葛藤に終止符が打たれました。アシュタールの教えてくれた叡智のおかげです。

女性性と男性性のバランスも自分自身がもがきながら向き合ってきたテーマでした。これについては、アシュタールがモデルとなる女神の在り方を示してくれたので、祈りと瞑想を活用して、アフロディーテのように(雌ライオンのように?)生きると決めた私がいます。女神さまにつながる瞑想をすると、本当に涙が出るようなメッセージをもらえます！　ぜひみなさんもなさってみてください。

この本が、真のパートナーとパートナーシップを求める人や、似た苦しみや葛藤を抱えている人の役に立ちましたら、これほど嬉しいことはありません。

最後に心からのお礼を。レディ・アシュタールことテリー・サイモンさん、株式会社ヴォイス代表の大森浩司社長、担当編集のNさん、通訳のラインハート有香さん、相談役の株式会社カーラ代表のこじまゆかりさん、愛する夫の寛明さん。チーム・アシュタールとして楽しく協働してくださってありがとうございます。

アシュタールに縁するみなさま、またお会いしましょう！

愛と感謝を込めて。　　矢尾こと葉

PROFILE

Rev. Dr. テリー・サイモン（またはテリー・サイモンズ）

Rev. Dr. Terrie Symons

形而上学ドクター。レディ・アシュタール。アメリカ・オレゴン州生まれ。小さな頃から、スピリットをはじめとした目に見えないものを感じ、見ることができる能力を持つ。大学卒業後、小中学校の教師をしていたが、1991年頃から本格的にアシュタールとのコンタクトがスタート。2000年以降には世界中の人々がアシュタールのメッセージを聞くため、彼女の元に訪ねてくるようになる。2008年に初来日、2010年以降は定期的に来日し、日本全国でアシュタールからの愛と平和のメッセージを広く伝えている。

アシュタール

Ashtar

テリーさんが長年コンタクトし続けている11次元の存在で、愛と平和を守るために金星からやってきたというアセンデッドマスター。「スター・オブ・アシュタール」と呼ばれているスペースシップの指揮官でもあり、地球全体の意識を高めるサポートをするなど、地球が愛にあふれた世界になるように、ずっと見守っている。その姿は千変万化。見る人によっておじいちゃんだったり、イケメンだったりするのだとか。

矢尾こと葉

Kotoha Yao

レイキカウンセラー®、エッセイスト。「発芽＊レイキアカデミー」主宰。東京と大阪を拠点に、レイキ伝授のセミナーやイベントを開催している。数年前に金星意識だというアシュタールと出会って以来は、オーガナイザーとしても活動中。これまで2600人を超えるレイキヒーラーを輩出し、現在もコミュニティは広がっている。趣味はパワースポットの旅、カフェ巡り、藍染、手織りなど。

www.hatsuga-reiki.jp
plaza.rakuten.co.jp/writer/

参考文献

『愛と光に目ざめる女神事典～魂を導く86の世界の女神たち～』
明石麻里・CR&LF研究所編著／毎日コミュニケーションズ刊

『アジア女神大全』
吉田敦彦・松村一男編著／青土社刊

『アシュタール　愛、なぜそうなるの？』
テリー・サイモン著／ヴォイス刊

『アシュタール・コマンド　魂がふるえる人生のブループリント』
テリー・サイモン著／ヴォイス出版事業部刊

『面白いほどよくわかる世界の神々』
森実与子著／吉田敦彦監修／日本文芸社刊

『オーラソーマ・ボトルメッセージ』
武藤悦子著／主婦の友社刊

『知っておきたい世界の女神・天女・鬼女』
金光仁三郎著／西東社刊

『The Mythology Bible　神話と伝説バイブル』
サラ・バートレット著／ガイアブックス刊

『世界女神大事典』
松村一男　森雅子　沖田瑞穂編／原書房刊

『願いを叶える77の扉～大天使とマスターを呼ぶ～』
ドリーン・バーチュー著／宇佐和通訳／メディアート出版刊

『レディ・アシュタール　ストーリー』
ブライアン・K.グラハム著／シモンズ真奈美訳／Clover出版刊

「アセンデッドマスターオラクルカード」
ドリーン・バーチューPh.D.著／セイマカラガー瑞恵訳／JMA・アソシエイツ発行

「女神のガイダンス　オラクルカード」
ドリーン・バーチュー著／山下花奈訳／JMA・アソシエイツ発行

他

アシュタールが教える11次元の女神力でお悩み解決!

おねがい☆女神さま

著　　者　テリー・サイモン
矢尾こと葉

ブックデザイン　三宅理子
校　　正　野崎清春
協　　力　ラインハート有香(通訳)
こじまゆかり(株式会社カーラ代表)

発 行 者　大森浩司
発 行 所　株式会社 ヴォイス 出版事業部
〒106-0031
東京都港区西麻布3-24-17
広瀬ビル
0120-05-7770(通販専用)
☎ 03-5474-5777(代表)
03-5411-1939
www.voice-inc.co.jp

印刷・製本　株式会社 歩プロセス